国家级职业教育规划教材
全国中等职业学校商务文秘专业教材

文秘实务与案例（第三版）

主编 董萍

中国劳动社会保障出版社

简介

本书为国家级职业教育规划教材。教材以秘书日常工作为主线，结合秘书工作的特点构建而成，具体内容包括：秘书实务概述、秘书“办公”工作、秘书“办文”工作、秘书“办会”工作和秘书“办事”工作。本教材在知识讲解过程中引入案例，通过对案例的阅读和解答，加强学生对所学知识的理解；在正文中穿插知识链接和实践指南，拓展学生的知识面；针对所学内容设有课后实训，利于学生巩固和灵活运用所学知识。

本教材由董萍任主编，周孝君任副主编，秦雪参加编写。

图书在版编目（CIP）数据

文秘实务与案例 / 董萍主编. -- 3 版. -- 北京：中国劳动社会保障出版社，2020
全国中等职业学校商务文秘专业教材
ISBN 978-7-5167-4420-8

Ⅰ. ①文… Ⅱ. ①董… Ⅲ. ①秘书学 – 中等专业学校 – 教材 Ⅳ. ①C931.46

中国版本图书馆 CIP 数据核字（2020）第 049510 号

中国劳动社会保障出版社出版发行

（北京市惠新东街 1 号 邮政编码：100029）

*

北京市艺辉印刷有限公司印刷装订 新华书店经销

787 毫米 ×1092 毫米 16 开本 10.5 印张 188 千字

2020 年 4 月第 3 版 2021 年 6 月第 2 次印刷

定价：20.00 元

读者服务部电话：（010）64929211/84209101/64921644

营销中心电话：（010）64962347

出版社网址：http://www.class.com.cn

http://jg.class.com.cn

前 言
PREFACE

全国中等职业学校商务文秘专业教材自出版以来，在学校教学中发挥了重要作用。近年来，随着秘书行业的发展变化，企业对从业人员的知识水平和职业能力提出了更高的要求。为适应这一变化，满足学校培养人才的需求，我们组织一批教学经验丰富、实践能力强的教师与行业、企业专家，在充分调研的基础上，对现有教材进行了修订。

本次教材修订工作的重点主要体现在以下几个方面：

◆更新教材内容。根据近年来秘书工作领域的变化，在相关教材中，调整、更新了关于档案管理、办公设备使用、会计统计应用等内容；补充了与时代发展紧密相关的秘书工作案例；完善了秘书应用写作、口语交际训练等工作流程，使得教材内容更加具有前瞻性，符合时代发展特点。

◆强化职业技能和职业素质培养。教材进一步加大技能训练的比重，在涉及到文书管理、档案管理、实务管理等主要秘书工作技能的教材中，更多地加入实践题例和操作指导，方便教师开展一体化教学。同时，将与秘书行业相关的职业道德、职业操守等内容融入到教学知识、课堂问答、课后训练等环节，以加强对学生职业素质的培养。

◆提升教材表现力。通过设置案例分析、知识链接、能力提示等不同栏目，增加教材的亲和力，激发学生的学习兴趣。同时，尽可能多地以图表代替冗长的文字叙述，使教材更加生动，易于学习。

◆加强立体化资源建设。习题册修订和教材修订同步进行，同时补充开发配套的电子课件。习题册答案及电子课件可登录技工教育网（jg.class.com.cn），搜索相应的书目，在相关资源中下载。

本套教材的编写得到了有关学校的大力支持，教材的编审人员做了大量的工作，在此，我们表示衷心的感谢！同时，恳切希望广大读者对教材提出宝贵的意见和建议。

人力资源社会保障部教材办公室

目 录
CONTENTS

第四章 | 秘书“办会”工作

第五章 | 秘书“办事”工作

第一章 秘书实务概述

学习目标

- 掌握秘书的定义
- 了解秘书的职业特征
- 明确秘书的角色定位
- 了解秘书实务的内容和原则

第一节 秘书的定义与定位

秘书工作作为人类社会的一种实践活动，发轫至今已有 5 000 年左右的历史。尽管秘书工作历史悠久，但在我国，秘书作为一种社会职业，却是在改革开放之后才逐步兴起的。

一、秘书的定义

"秘书"一词源于拉丁文"secretarius"，意即"可靠的职员"。在我国，"秘书"一词最早出现在汉朝，就其字面含义而言，有"秘藏之书"的意思，后来逐渐由指物演变为指人。东汉时期的"秘书监"、魏晋南北朝时期的"秘书丞""秘书郎"等，均是一类文官的职务名称。

现代所说的秘书主要是指从事办公室及业务部门管理的程序性和辅助性工作，协助领导处理政务及日常事务，并为领导决策及其实施提供服务的人员。秘书服务的对象可以是集团、机构，也可以是个人。

二、秘书的职业特征

1. 身居中枢

秘书在各单位组织结构中居于中枢和中介地位。任何一个国家、集团、部门，都必然由领导者、管理者和被领导者、被管理者组成，秘书活动的主体正处于这两方的中间地带，是贯通上下、联系左右的中间环节。

2. 角色多重

秘书不专事某项专门业务，但却是领导的全方位助手。秘书所处社会地位的特殊性决定了秘书必须扮演多重角色，如助手角色、辅助管理角色、参谋角色、临时“代言人”角色等。

3. 成果隐匿

无论从时间维度还是从空间维度来看，秘书活动的成果都不是显露的，而是隐匿在服务对象的工作成果之中。

三、秘书的角色定位

秘书的角色定位是一个动态的循环反复的过程（见图 1–1），一般要经历从“角色知觉”到“自身实际和初始定位与单位情况结合”到“角色期待、角色冲突”再到“角色互动”直至“角色再定位”五个环节。同时，它又受到角色个性特征、单位情况、社会或他人角色期待和角色规范等因素影响。秘书角色定位正确与否，将直接影响秘书工作的效率，影响秘书的自身进步。因此，秘书必须按客观规律对自身角色进行正确定位。

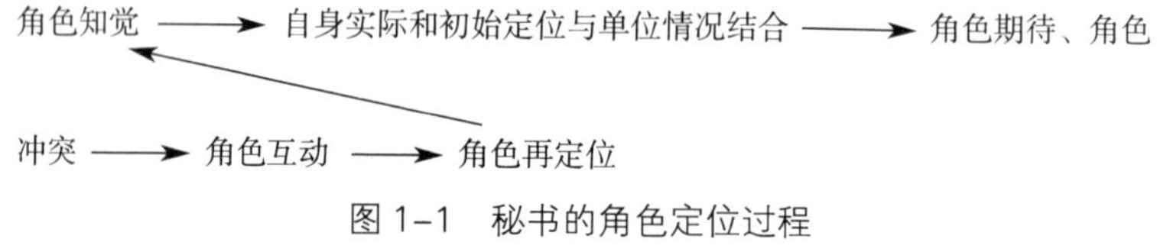

图 1–1　秘书的角色定位过程

案例思考

微软公司创业之初，员工基本上都是年轻人，他们在业务上都是一把好手，可是做起内务、管理方面的杂事，却缺乏耐心。董事长盖茨的第一任行政助理是个年轻的女大学生，她除了完成自己分内工作，对任何事情都不闻不问。

盖茨要求总经理伍德立即解雇该行政助理，并限时找到“能胜任公司各种杂务”的行政助理。

于是，盖茨的第二任行政助理——42 岁的露宝上任了，她是 4 个孩子的母亲。上任不久，露宝便发现微软公司不同于其他公司，尤其是董事长盖茨，行为颇异于常人，他通常是中午到公司上班，一直工作到深夜，每周 7 天无一例外。如果偶尔要在第二天早上会客，他就会在办公室过夜。

掌握这些情况后，盖茨在办公室的饮食起居就成了露宝日常工作中的一项重要内容，这让盖茨感受到了一种母性的关怀和温暖，减少了远离家庭而带来的种种不适感。除此之外，露宝在工作上也是一把好手，负责发放工资、记账、接订单、采购、打印文件等具体工作。

时间长了，露宝成了公司的灵魂，给公司带来了凝聚力，盖茨和其他员工对露宝都有很强的依赖心理。盖茨从露宝那里得到了信赖，露宝则从盖茨那里得到了尊重，这种良好的雇佣关系成了微软公司一道独特的风景线。

思考:

阅读案例，试分析露宝的角色定位。

第二节 秘书实务的内容与原则

秘书实务是秘书或秘书机构所实际从事的业务活动，下面主要介绍秘书实务的内容和原则。

一、秘书实务的内容

一般来说，秘书实务的主要内容包括以下四个方面：

1.“办公”工作：包括办公环境管理、时间管理、接打电话、收发邮件、值班管理、办公物品管理、接待等相关工作。

2.“办文”工作：包括收文、发文、归档等相关工作。

3.“办会”工作：包括会前准备、会中服务、会后善后等相关工作。

4.“办事”工作：包括商务旅行、商务宴请、开业庆典及新闻发布会的组织与服务等相关工作。

二、秘书实务的原则

秘书实务的基本原则是准确、迅速、求实和保密。

1. 准确

准确是对秘书工作质量的要求。秘书工作的准确性涉及很多方面，概括地说，就是办文要准确、办事要稳妥、情况要属实、建议要慎重。

小田与小李大学毕业以后同时进入了一家单位担任人力资源部秘书。两人专业知识都非常扎实，工作也很勤奋。可是一年以后，小田由人力资源部调到了总经理办公室，成为总经理的秘书，而小李却依然原地不动。

为此，私下里有很多议论传出，甚至有人认为小田与总经理有私人关系，所以才会如此快地受到提拔。有人就此问题问过人力资源部部长，而部长只说了一句话：“没有私人关系，只是小田做事更让人放心而已！”

原来，小李只知道埋头工作，却极少主动向领导汇报工作，而小田却非常懂得汇报的重要性，就算部长没有要求，他也会按照工作的重要性，定期向领导汇报，小事一周一汇报，大事一天一汇报。遇到一些特殊情况时，他也总是会先请示领导的看法与意见，之后才会自己做决定。所以，部长对他非常放心，也愿意给他安排一些重要的工作。

如此一来，小田在短短一年时间内便掌握了很多资源，建立了广泛的人际关系。此时，总经理恰恰需要一位各方面能力都较强的秘书，小田自然成了不二人选。

思考：

1. 总经理选择小田做秘书是出于哪些考虑？

2. 相比小田，小李在工作中有哪些不足之处？

2. 迅速

迅速是对秘书工作效率的要求。秘书工作应及时、高效，无论是办文、办事，都不允许拖拉。领导已经作出的决定，秘书要及时传达下去；基层反映的情况、意见，秘书也要迅速向领导反馈。

3. 求实

求实是秘书工作的基本要求。秘书工作必须尊重客观事实，不能脱离社会实际，更不能为了个人或小团体的利益而弄虚作假。秘书工作是为领导决策提供参谋，必须做到实事求是，否则就会造成领导工作的失误，甚至严重损害企业的利益与声誉。求实的具体要求是不夸大、不缩小，切忌脱离实际、主观臆断、弄虚作假、谎报情况，不能夹杂个人情感、报喜不报忧甚至捏造事实等。

4. 保密

保密是对秘书人员道德品性的要求。秘书人员经常接触一些机密文件或参加一些重要会议，会了解不少重要机密，包括秘密文件、资料、机要电文以及领导的重要活动安排等，如果不注意保密，一旦泄露信息，可能会造成严重的损失。因此，秘书人员一定要遵守保密原则，严格做好保密工作。

案例思考

王秘书所在的单位最近要参加市里招标，总经理很重视，连续几天召开会议，讨论、研究竞标的事情。经过严格的论证，竞标书终于确定下来。总经理让王秘书打印出来交给他，准备派专人去市招标办公室送竞标书。

王秘书接到任务后立即打开竞标书文件准备打印，这时，单位维修部小张打来电话，告诉他会议室的投影仪修好了，让他过去查验。王秘书心想没几分钟就回来了，所以没有关闭竞标书文档就去会议室了。

待王秘书查验完毕回到办公室，发现他的好朋友企划部小苏和后勤部小唐正在他的计算机前翻看竞标书。王秘书快步走回自己的座位，抢回小苏手里的鼠标说：

“别看了，别看了。”小苏说：“真小气，看看怕什么，咱们单位要是能竞标成功不是件大好事吗？哎，你说咱们单位竞标成功的概率有多大啊？”王秘书说：“快别说了，你们俩记住千万别出去乱说，这可是咱们单位的商业机密。”小唐说：“得了，你对我们还保密？再说了，秘密的东西你还随便让别人看？”王秘书一听傻了眼，不知该说什么好。

思考：

1. 你认为王秘书在工作中有哪些不当的地方？

2. 如果你是王秘书，遇到这种情况会如何处理？

实训

1. 开展主题为“树立正确的秘书职业观”的演讲比赛。

2. 阅读案例，以5~7人为一组开展小组讨论。

上午8：20，马秘书来到公司，她总是提前10分钟左右到达公司，以便做好上班前的准备工作。

她先打开总经理办公室的窗户通风，然后将空调调到适宜的温度，接着开始整理总经理的桌面，将文件摆放整齐，将纸篓中的垃圾倾倒干净。之后，她回到自己的办公区域开始整理自己的办公桌，清扫、擦拭桌面和文件柜，并用酒精棉擦拭电话送话器和传真机磁头。

这时，总经理走进来，马秘书向总经理打招呼：“总经理，早上好。”总经理向她点头示意后，进入自己的办公室。

马秘书开始在计算机上打印一份总经理下午谈判急需的合同，这时，总经理打电话过来：“小马，请把我今天的工作安排拿来，顺便给我倒一杯咖啡。”马秘书便离开自己的座位，去给总经理送文件和咖啡。

马秘书推门进入总经理办公室，总经理正在打电话，他示意马秘书放下东西先出去。马秘书回到自己的座位，看见行政部经理助理刘丽正在等她，想让马秘书将她因公办事产生的交通费报销了。

马秘书发现刘丽没有按要求先让行政部经理在报销单上签字，刘丽解释说经理出差了，而她着急用钱。于是，马秘书用掌握的零用现金为她报销了交通费。

这时上海启明公司总经理秘书来电话，她想与马秘书商量下周启明公司江总经理一行四人来公司商讨合作的事宜。马秘书因急于打印合同，就简单应付了几句，没有认真做记录。

此时又来了位客人，是君豪公司的公关经理，他想见张副总经理，马秘书告诉他很不巧，张副总经理出差了，且没问清客人的联系方式和来意，就让客人悻悻地走了。

客人走后，马秘书继续打印合同，总经理打电话来问上海启明公司来客的食宿安排好了没有，马秘书这才意识到她没有在电话里问清对方到达的确切时间，只好再打电话去问。

这时，张副总经理从外地打来电话，说他的手提电脑被盗，所有文件丢失，让马秘书看看能否帮他找出相关文件发送过去。可是，马秘书没有将这些文件备份，因而无法完成领导交给的任务。

讨论：

1. 你认为马秘书在工作中有哪些可取之处？又存在哪些不足？

2. 结合案例，谈谈你对秘书工作的认识。

第二章 秘书“办公”工作

学习目标

- 了解办公室的类型和布置原则，掌握办公室布置的流程和方法
- 了解办公环境的基本构成和秘书办公环境的组成，掌握个人办公区域、领导办公区域及公共区域的整理方法
- 掌握办公室常见的安全隐患及排除方法
- 了解接听、拨打电话的基本步骤，能够准确接打电话及正确处理特殊电话，会设计和填写电话记录表
- 了解办公所需各种邮政服务项目的内容，掌握电子邮件的收发方法及接收、寄发程序
- 掌握值班的工作制度，能够编制值班表和填写值班记录
- 掌握常用办公物品的采购程序和保管与领用方法
- 掌握接待的介绍礼仪和握手礼仪

第一节 办公环境管理

办公环境是指秘书在工作中所处的场所和氛围，既包括物质环境，也包括人文环境。良好的办公环境不仅有利于塑造对外形象，还有利于提高工作人员的工作效

率。办公环境管理包括办公室布置、办公环境整理及安全管理。

一、办公环境概述

1. 办公室的类型

（1）开放式办公室（见图 2–1、图 2–2）

开放式办公室是指在一个较大的整体办公空间中，根据工作职能、业务范围和技术分工划分出不同的工作区，各个工作区均包含若干工位，工作区和工位之间没有墙壁阻隔的办公室。

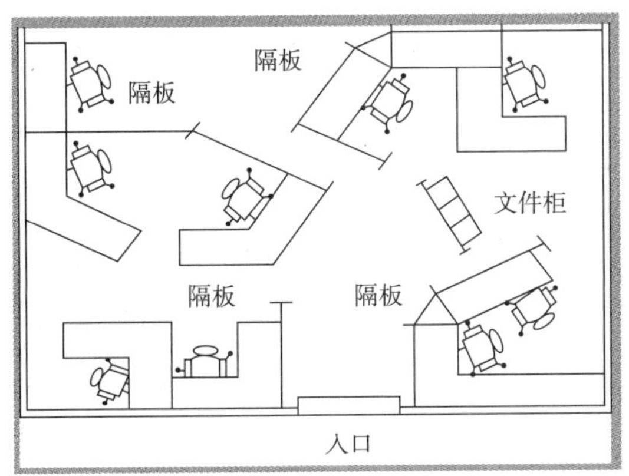

图 2–1　开放式办公室布局图

图 2–2　开放式办公室

（2）封闭式办公室

封闭式办公室是指按照办公职能，利用墙壁将办公空间分割成若干有门窗的独立房间的办公室，每个办公室有一人或几人办公，如图 2–3 所示。

图 2–3　封闭式办公室

开放式办公室与封闭式办公室各有其优缺点，见表 2–1。

表 2-1　开放式办公室与封闭式办公室优缺点对比分析

办公室类型	优　点	缺　点
开放式办公室	1. 无须建设多个门窗，节约建筑成本、租赁成本和能源成本 2. 布局灵活，工位可根据需要进行调整 3. 能容纳更多的员工，提高办公空间的利用率 4. 便于员工之间沟通交流 5. 便于对员工实施监督和指导 6. 便于共享办公设备	1. 保密难度较大，安全性较差 2. 员工易受他人电话、走动以及设备噪声等外部因素的干扰
封闭式办公室	1. 安全性和保密性容易实现 2. 避免受到噪声等外部因素干扰，有利于员工集中注意力	1. 使用成本较高，租赁、装修支出较大，能源消耗较大 2. 不利于监督或指导员工工作 3. 不利于员工之间及时交流沟通

从上表可以看出，开放式办公室强调自由和自律的工作状态，淡化了等级差异，有利于员工的交流沟通和建立平等宽容的工作氛围，较适于市场部门、营销部门采用。而封闭式办公室相对独立、保密、抗干扰，较适于财务部门、人事部门及单位高层领导办公室采用。

不同的办公室类型有各自的优缺点，秘书应协助领导根据单位的定位和不同部门的业务特点、具体要求进行选择。

2. 办公室布置原则

（1）方便工作

应根据员工所属部门，按照职能分工布置工位，将有密切工作关系的员工安排在相对集中的区域，便于员工之间交流协作。秘书工位应位于出口附近或靠近领导的区域，这样便于了解出入人员情况和办公区情况，以便更好地为领导服务。

（2）舒适整洁

办公室的装潢和陈设都应以舒适为主。光线、色彩、温度、噪声等对工作人员的情绪会产生不同程度的影响，所以，秘书在设计办公室布局时应特别注意这些因素。另外，整洁有序的环境有助于营造舒适的氛围、提高工作效率，因此，办公用品的摆设要井然有序，不要在办公区域放置与办公无关的物品。

（3）和谐统一

一个和谐的办公环境能激发工作人员的团队精神。因此，在维护和管理办公环境时，要注意其和谐性，如办公室的办公桌椅和文件柜等的型号、款式、颜色要尽可能统一，这样不但可以保证办公室的美观，更可以强化员工之间的平等观念，营造和谐的人际关系。

（4）确保安全

确保单位的财物安全是秘书的重要职责之一，也是维护和管理办公环境不可忽略的一个原则。布置办公室时要配备相应的保险柜或档案柜，办公使用的书柜和抽屉要安装锁具，谨防失密、泄密等。

（5）便于监督

办公室是集体工作的场所，上下级之间、同事之间既需要沟通，又需要相互督促、提醒。由于精力、学识、性格等方面的差异，每个人都有各自的优缺点。个人的缺点往往自己难以察觉，同事之间的相互监督能够有效地避免这一问题。因此，办公室的布置必须有利于员工在工作中相互督促、提醒，从而把工作中的失误减少到最低限度。

3. 办公室布置工作流程与方法

（1）确定各部门员工工作位置

对各部门业务的工作内容与性质加以考察，分析不同部门业务特点和对办公条件的要求，明确各部门及各员工之间的关系，以此为依据确定每位员工的工作位置。确定时主要考虑以下四个方面：一是面积、空间大小，二是人员流动的频率，三是声音对办公效率的影响，四是所需设备及家具的数量。

（2）设定各部门员工工作空间

将各部门的工作人员及其工作分别记录下来，按工作人员数量及其办公所需空间设定工作空间大小。虽然工作空间大小因工作性质而异，但一般而言，每个人的工作空间以 3～10 m^2 为宜。

（3）选配办公家具、设备及装饰

在工作位置和工作空间确定后，还应根据工作需要，选配相应的办公家具和装饰等，并列表详细记载。

1）选配家具。办公室使用的所有家具、设备应符合健康要求和安全标准。大多数办公室会配备下列家具：

◇办公桌椅，样式根据工作类型而变化（见图 2-4）。

◇存储空间，用于存储文件，摆放办公用品、设备等。

2）选配装饰。办公室的装饰应针对不同的办公类型合理选配（见图 2-5）。进行办公室装饰时，一般考虑下列因素：

◇颜色——不同的颜色可以营造不同的工作氛围。

◇植物——美化、净化办公室环境。

◇图片——体现企业品位及团队精神。

图 2-4　办公桌椅

图 2-5　办公室装饰

（4）绘制办公室座位布置图

上述内容确定后，即可绘制办公室座位布置图，如图 2-6 所示。绘制办公室座位布置图时应征询员工的意见，根据员工意见修改、完善，然后依图布置。

（5）合理安放设备

摆放文件柜等办公设备时，应尽可能靠墙摆放，充分发挥“墙体效益”。这样既可以节省空间，又可以使办公室环境更加规整、美观。

二、办公环境整理及安全管理

维护办公环境的整洁与安全也是秘书的工作职责之一。在整理办公室的过程中，秘书要了解各办公区的组成，明确整理个人工作环境、领导工作环境及公共区域的

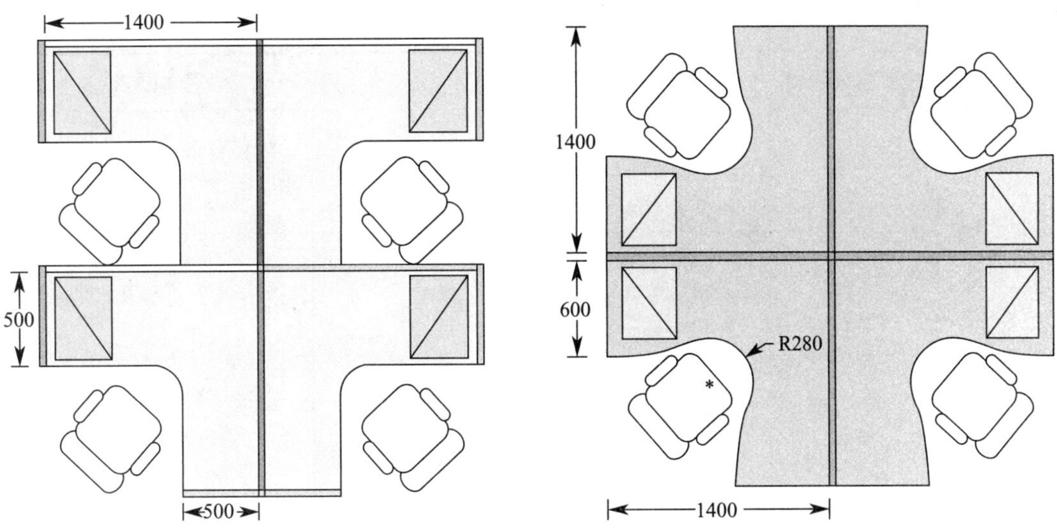

图 2-6 办公室座位布置图

工作职责，并了解简单的绿化知识，从而美化和净化工作环境。同时，秘书还要掌握办公室安全管理的基本规范。

1. 办公环境的基本构成与维护

办公室是一个由多种因素构成的复杂空间，其中有自然因素，也有人为因素，不同类型的因素在办公环境维护工作中的要求与处置方式均存在差异，详细内容见表 2-2。

表 2-2　办公环境的构成、维护措施与要求

构成类型	主要构成因素	维护措施	基本要求
自然类	光线	1. 根据办公室朝向、窗户位置与大小，可选择自然光源或人工光源 2. 如果自然光源太强，可采用百叶窗或窗帘遮挡	充足、明亮、柔和
	色彩	1. 办公室色彩以白色或乳白色为主 2. 会议室、接待室以淡黄色为主 3. 适当摆放绿色植物	不宜过于繁杂，应追求统一、协调，营造宁静、和谐的氛围
	噪声	1. 门窗装修采用隔音或吸音材料 2. 增加室内软装饰以消除回声 3. 桌、椅腿底增加衬垫以降低挪动噪声 4. 选购噪声指标符合标准的办公设备	正常情况下室内噪声不超过 40 分贝
	空气	1. 采用空调、暖气调节温度 2. 冬季可使用空气加湿器调节湿度 3. 经常开窗通风换气	空气保持自然清新，温度保持 20～27℃，相对湿度保持 40%～60%

续表

构成类型	主要构成因素	维护措施	基本要求
建筑类	门窗	1. 安装必要的窗帘、门牌 2. 经常擦拭、清洁，消除污渍 3. 定期检查玻璃和锁具是否完好、安全	保持整洁、美观，锁具牢固安全
	地面	1. 检查是否过于光滑，遇雨雪天气可铺设脚垫或放置指示牌，防止滑倒 2. 每日清洁打扫	无尘土、纸屑及其他杂物
	墙面	1. 适当张贴警示牌、标志等 2. 定期对墙面进行清洁打扫 3. 拔掉墙上无用的钉子，整理墙面上的各种线路	墙面平整，粉刷均匀，无浮尘、蜘蛛网。张贴物应对齐、平整，高度适中
	通道	1. 定期检查通道是否畅通 2. 检查通道灯光是否明亮，消防指示牌、应急灯是否符合要求	通行无障碍，消防指示牌、应急灯工作正常
设备类	电器	1. 不同电器敷设独立的电源线路 2. 电器摆放于不影响通行和工作的位置 3. 按照电器说明书要求做好防水、防火、防尘、防高温等日常保养工作	大功率电器设备采用独立电源，电器线路整齐有序，不能交叉或纠结
	办公家具	1. 尽可能采用相同型号、款式与外观的办公家具 2. 定期检查办公家具是否牢固 3. 经常进行清洁打扫	办公家具摆放整齐、牢固，不可摇晃，表面无浮尘或污渍
物品类	书籍、档案	1. 将各类书籍、档案分类摆放在书架和档案柜中 2. 根据相关规定办理借阅手续，对于回收的书籍与档案应及时重新摆放整理	书籍档案摆放整齐，同类集中，不可随意堆放
	文件资料	及时将文件收入文件夹中	保证文件安全与完整，不可随意将文件摆放于桌面
	办公物品	根据使用习惯将零散的各类办公用品及时收纳到抽屉或工具盒中	保持桌面整洁有序
人员类	工位	根据实际情况划分工位面积并配备办公物品	保持工位的整洁有序与安全

案例思考

李非应邀到某单位洽谈业务。一踏进该单位大门，一股污浊的空气呛得他喘不过气，好像几天没开窗换气了。屋子里灯光昏暗，李非走了几步，差点被地上“盘根错节”的电线绊倒，还没缓过神来，又撞到了摆放得乱七八糟的办公桌。马路上嘈杂的声音透过玻璃窗传进办公室，周围业务员打电话的声音让人心情烦躁。李非好不容易在接待室坐下，只见桌上摆着乌黑的茶杯，地面污迹斑斑，玻璃窗乌蒙蒙的……

李非心里有个声音在说：“这家单位太糟糕了，是不值得信任的，赶快离开这里吧。”

思考：

1. 你认为创造良好的办公环境有什么重要意义？

2. 描述你心目中良好的办公环境。

2. 办公区域的整理

（1）秘书个人办公区域的整理

秘书个人办公区域包括秘书办公桌椅及其周围地面、墙壁、家具和秘书负责的所有办公设备、文件柜、书架、文具等，如图 2–7 所示。

图 2–7　个人办工区域

整理个人办公区域时要注意以下几点：

1）保持台面、地面、计算机、办公设备、家具、窗帘和门窗墙壁等处的清洁。

2）保持办公桌面的清洁、整齐、美观，不乱放零散物品，不放置个人生活用品。

3）电话的按键和听筒、计算机键盘等要经常用酒精棉消毒。

4）来访者用过的茶具应及时清洗干净并重新摆好，用过的一次性杯子应及时清理。

5）保持计算机、传真机等办公自动化设备的线路整齐，定期检查线路是否有破损情况，检查电源插头是否有松动等不安全的情况。

6）报纸、杂志、资料、文件等要及时进行清理，摆放到文件柜等固定地点存放。

7）每天下班前要认真检查计算机、电灯、空调等是否关闭，抽屉、柜门等是否锁好。

（2）领导办公区域的整理

秘书在经过领导许可的前提下，需对领导办公区域的各类物品进行基本维护，主要工作包括清洁地面和桌面，及时清理废纸和垃圾，整理书籍、文件和办公物品等，具体要注意以下几点：

1）经常整理领导的办公室，将文件和物品摆放整齐，文件柜、书架和各种陈设要保持清洁。

2）每天定时开窗通风，保持空气的自然清新，保持适合领导习惯的温度和湿度。

3）经领导授权后，定期对领导的文件柜进行清理，将文件资料归类保管存放，将一些无用的文件及时清退或销毁。

4）接待客人后，要及时对烟灰缸、茶具等进行清洗和整理。

5）经常对办公设备的使用状况进行检查，发现问题及时通知有关人员进行修理。

（3）公共区域的整理

公共区域既包括领导的会客室和公用的会议室，也包括员工共同使用的复印机、打印机、传真机、文件柜、档案柜、书架、物品柜、茶水桌，以及办公室整体环境中的设备，如空调、照明、通风设备等，其整理要点如下：

1）随时保持领导会客室和公用会议室的清洁。

2）正确使用并注意维护复印机、打印机、传真机等办公自动化设备，保持周边环境的整洁。

3）经常清理文件柜、档案柜、书架、物品柜、茶水桌等公用资源，对报刊、文件及公用的办公用品，用后及时放回原处，保持整洁有序。

案例思考

某顾问拜访一家企业的老板，看到其办公室非常凌乱，显然很久没有清扫打理过。于是，他就问这个老板为什么会这样，老板告诉他说：“办公室的日常清洁工作由清洁公司负责，平时清洁公司会在早晨9点钟派清洁工来打扫卫生，可这几天清洁工有事不能前来。”

听了这话后，顾问觉得很诧异：“那你的秘书呢，她不在吗？”

老板说：“在啊。”

“那她为什么不整理办公室呢？”顾问更无法理解了。

想不到老板一脸苦笑地说：“她说她是秘书，不是清洁工。”

“秘书虽然不是清洁工，但创造一个整洁舒适的办公环境却是秘书应尽的义务。”顾问意味深长地说道。

思考：

你认为秘书是否有义务创造整洁舒适的办公环境？为什么？

3. 办公环境的绿化

办公环境的绿化不容忽视。将适当、适量的植物放于室内，不仅能净化、美化环境，而且可以为办公室营造令人愉快的氛围。另外，植物通过光合作用能吸收二氧化碳，释放氧气，有助于提高员工的工作效率。需要注意的是，用于绿化装饰的植物应色淡香微，浓重的颜色和香气容易分散人的注意力。

净化办公室环境的植物

- 具有清香的气味，能够清醒头脑，使人精力充沛的植物，如万年青、发财树、金钱榕等。
- 能吸收有毒气体，净化空气的植物，如菊花、吊兰、常春藤等。
- 能杀灭病菌的植物，如丁香、玫瑰等。
- 对二氧化碳有强烈吸收作用的植物，如美人蕉、金银花等。

4. 办公环境的安全隐患及其排除方法

由于办公环境的构成要素复杂且人员众多，因此难免存在各类安全隐患。及时发现并排除这些隐患，对于保障员工生命安全、维护企业利益十分重要。办公环境常见安全隐患及其排除方法见表2-3。

表 2-3　　办公环境常见安全隐患及其排除方法

隐患类型	存在部位	主要特征	排除方法
建筑类	天花板与墙体	1. 裂缝 2. 墙皮脱落	及时向上级汇报，协助维修人员进行粉刷或维修
	地面	1. 过于光滑 2. 凸起、坑洼严重	设置提示牌或重新铺设地面
	门窗	1. 门框或窗框松动 2. 未安装金属防护装置 3. 锁具损坏	及时向上级汇报，协助维修人员加固门窗，更换锁具
	通道	1. 被办公设备堵塞 2. 无消防应急灯与指示牌 3. 过于狭窄或楼梯无扶手	移走障碍物，打开通道的门；根据消防要求设置应急灯与指示牌；为楼梯设置扶手
设备类	电器	1. 线路纠结、缠绕 2. 插座打火 3. 出现异味	整理线路，更换或维修插座，保持插头状况良好；及时检查电器，在无法确保可靠性时不得使用
	办公家具	1. 倾斜 2. 毛刺	减轻家具负载，保持家具正常状态；更换已经出现结构性损坏的家具；使用砂纸打磨毛边
人员类	操作不当	1. 用无资质或无经验的人员检修电路或电器 2. 重要文件随意摆放 3. 不会操作灭火器械	聘请具有丰富经验和资质的人员进行检修或维修操作；及时将文件收纳入文件夹或抽屉；对全体员工进行消防设备操作培训
	安全意识薄弱	1. 不及时锁门、锁抽屉 2. 随意堆放或丢弃易燃物品	加大宣传教育力度，形成良好安全操作习惯；设置数量充足的垃圾桶等用品
	人员数量	超过合理限度，空间拥挤	重新分配办公室，必要时扩大办公面积或增加房间

实践指南

某单位关于办公环境的管理规定

为了办公室的整洁美观，现对各部门办公室物品摆放提出以下要求：

一、办公桌：办公桌上可摆放计算机、文件筐、文件夹、笔筒、台历、水杯、盆景、稿纸、笔记本。除此之外，不能摆放其他任何物品。

二、文件筐：文件筐内可摆放文件夹、文件册、文件盒、稿纸、笔记本，应从里到外、从高到低依次摆放。不能摆放会议记录本、效率日志、档案等涉密文件，不能出现单页纸张，所有纸张应夹在文件夹或文件册内，不能摆放书籍、报纸以及一些私人物品。

三、笔筒：笔筒内可存放两支黑色签字笔、一支红色签字笔、一支铅笔、一把削笔刀、一块橡皮、两个长尾夹、多个回形针、一个固体胶棒、一把剪刀，其他物品一律不可以出现在笔筒内（所有物品的颜色和类型必须统一）。

四、纸篓：纸篓放于办公桌的内侧靠墙处并及时倾倒（内存垃圾不得高于纸篓边缘）。

五、水杯：统一使用单位水杯。

第二节　时间管理

秘书每天要面对大量琐事，如果不进行有效的时间管理，就会陷入头绪繁杂、处理无序的状态，长此以往，不仅工作效率降低，还要承受极大的心理压力。因此，秘书在工作中进行时间管理是十分必要的。

一、时间“四象限”管理法

时间“四象限”管理法是一种有效的时间管理方法，即将需要做的事情按照“重要程度”和“紧急程度”两个坐标轴划分为四个象限，见图 2-8。

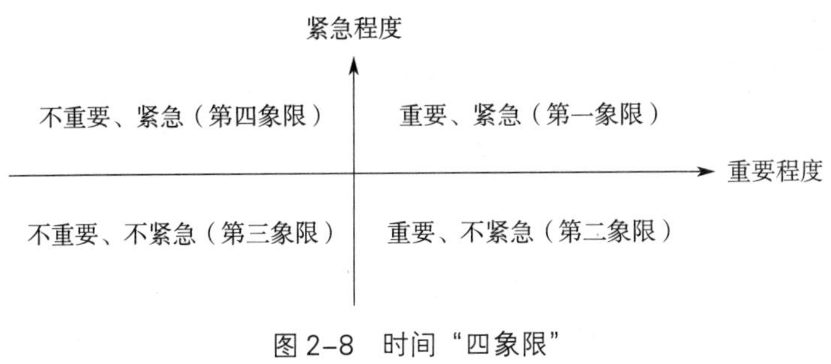

图 2-8　时间“四象限”

秘书需要做的所有事情都可以划入上面四个象限中。

1. 第一象限

第一象限代表既重要又紧急的事情，如交通事故、突然发病、领导要求立即执行的决定、活动现场调度、需要马上处理的客户投诉等需要以最短时间完成的事情。

2. 第二象限

第二象限代表重要但不紧急的事情，如长期的规划、问题的发掘与预防、参加培训、维护公共关系等通常可以暂时延缓、但从长远看却会产生重大后果的事情。

3. 第三象限

第三象限代表既不紧急也不重要的事情，如阅读文件等事情。

4. 第四象限

第四象限代表紧急但不重要的事情，如电话、例行会议、普通客户突然到访等事情。这一类事情容易与既重要又紧急的事情相混淆。两者的区别在于这件事是否有助于完成某个重要的目标，如果答案是否定的，便应归入第四象限。

秘书在工作过程中，若遇到第一象限的事务，即重要而紧急的工作，需要放下手中的一切工作，立即处理。平时，秘书要把精力和时间集中放在第二象限的事务中，即处理重要但不紧急的工作，这样可以防微杜渐，避免重要的事务进入第一象限。对于第三象限的事务，在有时间的情况下选择处理；对于第四象限的事务，首先要学会辨别，然后学会拒绝。

二、管理领导的时间

秘书工作的特性决定了秘书只有在将领导的时间安排好之后，才有可能集中精力做好自己的事情。具体来说，管理领导时间需要做好以下工作：

1. 为领导准备不同颜色的文件夹

秘书可以为领导准备几个不同颜色的文件夹，不同颜色代表不同象限的事务，如红色代表领导需要立即处理的第一象限事务，绿色代表需要领导批阅的第二象限事务，黄色则为一周内需要批阅完成的第三象限事务，橘色代表领导需要注意的第四象限事务等。

这种文件管理方式能帮助领导节省大量时间，为了让领导方便识别每一种颜色对应的事务，秘书可使用便笺贴在文件夹上，方便其查阅。

2. 了解领导的工作规律

想要对领导的时间进行管理，秘书需要详细了解领导的日常工作和近期业务重点，同时还需要了解领导的工作规律，以便为其规划最佳工作时间。

3. 为领导整理日程表

一般而言，领导的日程大部分都要进行提前规划，包括每天的计划、应召开的会议、应出差的时间、应接待的客人等，秘书应将这些计划内的事务预先写入日程中，并及时对日程表进行调整，避免出现时间冲突。需注意的是，秘书在整理日程表时，要与领导进行沟通后再确定具体日程，而且日程表不宜安排得过满，否则，在有突发事情时，整个日程表很难调整，一般以安排领导全部时间的60%为标准。另外，还要掌握以下安排技巧：

（1）周一及领导出差前、后一个工作日，不应安排过多的事务。

（2）应在两项事务之间留出机动时间，防止上一项事务延长引起时间冲突，并给领导留出整理思路的时间，同时预置时间处理日常事务。

（3）根据领导习惯，为领导留出适当固定时间阅读报刊、资料及其他信息。

（4）控制每项事务进行的时间，适时打断，防止拖延，以免影响后续日程。

案例思考

周五下午快下班时，北京某科技公司总经理办公室秘书小李已经处理完这一天的工作，开始整理本周的工作记录。

他首先梳理出本周计划完成的工作事项，然后按照时间“四象限”管理法，把工作事项分别归类，以此为依据制作备忘录。

李秘书制作的备忘录按照日期排序，从周一至周五每天一栏。在每栏中又用序号排列工作事项，并依次标明交办时间、交办人、完成时间、完成情况、注意事项等。这样，哪件事紧急、哪件事重要、哪天事多、哪天事少等一目了然。

思考：

请指出案例中李秘书做法的正确之处，再谈谈你认为还需要改进的地方。

三、管理自己的时间

秘书除了围绕领导安排工作时间外，还应留出自我学习的时间，只有自我不断成长，才能更好地为领导做好服务和参谋工作。一般来说，秘书要想在做好日常工作的同时，使自我获得提升，就必须重视自己时间的获得、确保与扩张，并具备一些管理时间的方法。具体来说，可采取每日列行动清单的方法（见表2-4）有效管理自己的时间。

表 2-4　　每日行动清单

行动		标准	完成（打钩）
必做事项			
可做事项			

案例思考

小姜是一家单位的总裁秘书。一直以来，她都在抱怨自己的工作辛苦、薪水太少、时间不够用。她觉得自己虽然整天忙碌，但是效率却不见提高，始终没有相应的成就感，而且每天都很劳累。同时，她还会碰到很多意外的情况，这些意外情况常常会让她措手不及。

例如，某天早晨她起来之后，发现手机没电了，闹铃没有响，结果迟到一个小时才到单位——而她原本打算提前半个小时到单位把昨天没有完成的工作做完。不仅如此，她还发现总裁已经给她打了四五个电话，抱怨说至今没有收到应送给他的文件。所以，她不得不打电话给快递公司询问情况，然后督促他们抓紧时间把文件送过来。

就是这些必须参加的活动、必须完成的任务以及遗留下来的工作，或者一些意外的情况，占用了她非常多的时间，而她终日纠缠于这类事务中，无法找出时间来实践自己的人生目标，更别提向才能出众的总裁学习了。

思考：

案例中的小姜在自我时间管理方面出现了哪些问题？

第三节　接打电话

接打电话是秘书工作中比较常见的事项。秘书是企业形象的窗口，其言谈举止代表着企业的形象。因此，秘书必须熟练掌握接打电话的基本步骤、基本礼仪、基本方法及常用语句，并能够处理各种棘手的电话业务。

一、接打电话的步骤

1. 接听电话的基本步骤

接听电话的基本步骤如图 2–9 所示。

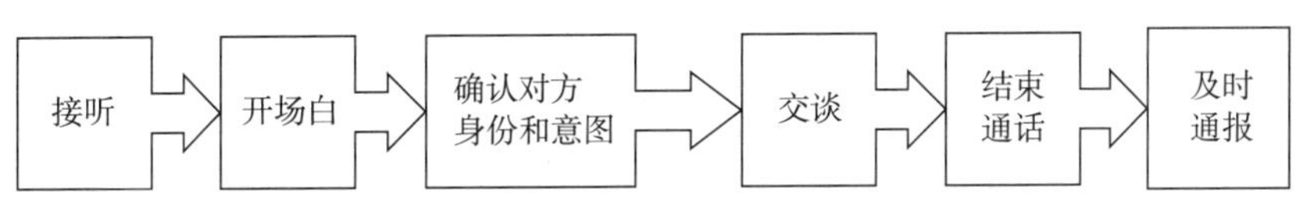

图 2–9　接听电话的基本步骤

（1）接听

秘书接听电话时，一般要求在铃响 3 声之内接听，避免电话长时间响铃。如果由于某种原因，电话长时间响铃后才接听，应首先向对方致歉，如“对不起，让您久等了”等。

（2）开场白

问候语一般是“您好”“早上好”“下午好”等，避免使用“喂”作为问候语。问候完毕应马上进行自我介绍，通报单位名称和部门等，如“您好！天地公司经理办公室”“上午好，经理办公室”等。

（3）确认对方身份和意图

来电者一般会主动介绍身份和意图，如果没有说明，接听时可以进行询问，但要注意礼貌，如“请问您是哪个单位?”“请问您怎么称呼?”“请问您有什么事情吗?”“请问您找谁?”等。对方介绍时，接听者可以进行复述。如果没有听清楚，可以要求对方再说一遍，如“对不起，我没有听清楚，请再说一遍”等。

（4）交谈

交谈的语言应简短清晰，并且要控制交谈时间，一般控制在 3 分钟内。对于重要的来电，接听者在交谈过程中最主要的工作是及时在来电记录表（见表 2–5）上做好记录。来电记录表应当统一印制装订，妥善保管。

表 2–5　　来电记录表

来电者		接听者	
来电单位			
通话内容			
紧急程度	□普通	□紧急	
处理意见			
记录人		记录时间	年　月　日　时

（5）结束通话

结束通话时的常用语句如“感谢您的来电，再见”或“如果有需要我会再联系您，再见”等。一般由来电者或者地位较高者先挂断电话。

（6）及时通报

秘书应对电话信息进行整理和筛选，根据紧急程度进行处理。对于需要立即解决的问题，要及时向领导报告；对于需要分流到其他部门处理的内容，要及时向其他部门通报；对于可以自己解决的问题，应编进自己的工作日程中并按时处理。

案例思考

钟灵来到某企业实习，领导让她负责接电话。钟灵心想这份工作太简单了，这时，电话铃响了，钟灵拿起电话，声音圆润地说：“您好，×× 公司。”“喂，你们李总在吗？我有要事找他。”电话里的声音显得很焦急。

钟灵赶忙说：“李总在，您稍等。”放下话筒后，钟灵走到李总办公室，说道：“李总，您的电话。”

“谁打来的？”

“不知道，好像挺着急的。”

只见李总皱了皱眉，拿起了电话。不一会儿，钟灵听见李总和对方吵了起来。李总挂了电话后，生气地对钟灵说：“以后有找我的电话先问清楚！”

钟灵很懊恼，她不明白自己做错了什么。

思考：

1. 秘书每天都要面对不同的人打来的各种电话，如何做出不同的处理？

2. 接听电话的工作看起来容易，做好却很难，这是为什么？

2. 拨打电话的基本步骤

拨打电话的基本步骤如图 2–10 所示。

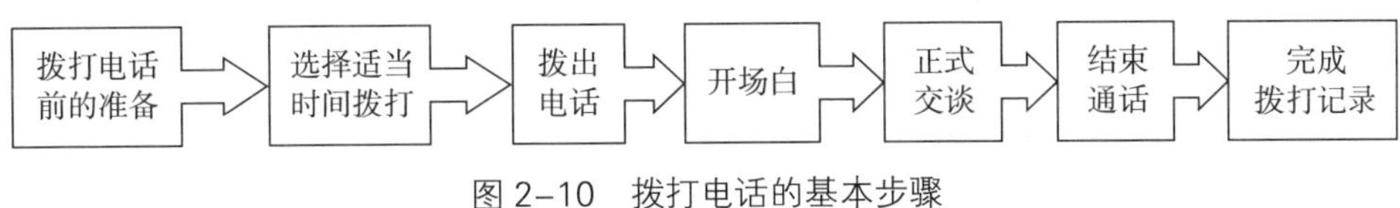

图 2–10　拨打电话的基本步骤

（1）拨打电话前的准备

拨打电话之前应进行适当的准备，以便达到预期通话效果。根据事情的复杂程度，可以采取不同的准备方式。如果事情比较简单，可以在头脑中明确打电话的意图，大致整理一下思路和谈话的要点；如果事情比较复杂，则应在笔记本上列举通话要点，并排列好前后次序。拨打电话之前还应准备好记录本，以便将重要的通话内容记录下来。

（2）选择适当时间拨打

一般情况下，拨打电话要注意尽量避开三个时间段：上班后半小时、下班前半小时及午餐时间。

（3）拨出电话

拨出电话时一般采用左手持听筒、右手拨号的方式。拨号前应反复核对号码的准确性，尤其要认真确认手机号码、长途号码以及带有分机的号码。拨号后耐心等待对方接听电话，一般在铃响 6 声后还无人接听即可挂断电话。

（4）开场白

待对方接通电话后，首先应表示问候并自我介绍，一般用语是“您好！我是 ×× 单位的秘书 ××”。如果通话预计时间比较长，还应询问对方是否方便接听电话，常用语是“可能会占用您比较长的时间，您现在方便吗?”。

（5）正式交谈

正式交谈过程中要求语言简洁，直接说明自己的意图或要找的人员。交谈过程中应合理控制时间，一般控制在 3 分钟之内，切忌闲谈。交谈过程中应注意礼仪，音量和语速适中，口齿清晰。如果对方是自动应答的录音电话，也应按照有人值守的电话对待，说清楚自己的身份和意图，给对方留言。

（6）结束通话

结束通话时应向对方表示感谢，常用语句如“非常感谢您提供的信息，再见”等。一般由拨出电话的一方先挂断电话，如果接听方地位较高，则应由其先挂断电话。

（7）完成拨打记录

对于重要的电话，秘书在拨打前应写入工作日程，拨打时记录下拨打的时间；拨打过程中，应对交谈的重要内容进行简要记录；拨打结束后，应在拨打电话记录表（见表 2–6）里记录，以便以后核查。

表 2–6　拨打电话记录表

拨打日期和时间	对方电话	接电话人	电话内容	备注

二、接打电话的基本礼仪

电话礼仪是人们在进行电话交流时应当遵循的礼貌和仪态。秘书在电话中应给人礼貌、热情、乐于助人的好印象，具体要求如下：

1. 不要随便岔开对方所说的话题，也不要随意打断对方。一定要在对方讲完之后再开始发表意见。

2. 自己说话时，如果说得太长，则要不时停顿，听听对方的反应，要替对方考虑，给对方反馈的机会。

3. 各种类型的电话都应认真接听，即使是投诉电话或打错的电话，也应用冷静而尊重的态度与对方交谈。

三、不同类型来电的处理方法

1. 协商工作的来电

协商工作的来电是最常见的一种来电，秘书应根据不同情况与来电者有效沟通，解决相关的问题。

2. 找领导的来电

若领导在场，秘书应问清楚来电者身份、姓名及意图，并请对方稍等，然后询问领导是否接听此电话，如果领导同意接听则直接将话筒交给领导；如果不同意，秘书则应以委婉的方式告知来电者领导不在，并请对方留下联系方式或留言。若领导不在场，秘书应首先表示歉意，告知对方领导不在，然后介绍自己的职责和身份，并询问是否需要转达留言。

3. 投诉电话

这类电话的来电者往往态度生硬，言辞激烈。当接到这类电话时，秘书应保持平静、温和的态度，切忌采取同对方一样的语气，也不能以该事务不是自己的工作职责为借口生硬地挂断电话。通话过程中，秘书应本着为来电者解决问题的原则，从来电者立场出发，有效地与之沟通，了解事情基本情况，做好记录，并尽力安抚来电者，表示将积极协助解决问题。通话结束后，秘书应及时将问题转交到相关部门处理。

钟林上班时接到一名客户打来的投诉电话。

钟林：“您好，我是 ×× 公司经理秘书钟林，请问有什么可以帮您？”

客户：“喂，你们编的什么破软件！我们要求退款。”

钟林：“您先消消气儿，别着急，请问您是哪里的客户？使用的是哪一款软件？”

客户：“你们还有什么好软件？就是 ××2.0，刚使用了一个星期就不正常了，我们要求退款。”

钟林：“据我了解，我们这款软件的市场反响非常好，质量是合格的。您在使用过程中出现了问题，原因可能是多方面的，我们的技术人员可以尽快上门为您解决故障，不会对您的使用造成太大的影响。您看如何？”

客户：“你们的软件刚使用一星期就出问题了，我想退款。”

钟林：“在这一星期的使用过程中，您应当已经熟悉了软件的操作，并且软件中保存了您单位的大量数据，如果退款的话，您还要重新购买和安装新软件，这对您的业务会造成更大的不利影响。不如先让我们的技术人员给您检查一下，如果问题不严重，很快就能解决；如果确实是产品质量问题，我们会给您退款的。您看这样可以吗？”

客户：“那好吧，你们一定要保证尽快解决！”

钟林：“好的，请把您的单位名称告诉我，我帮您把电话转接到售后部门，由他们来具体负责为您解决问题。”

思考：

你认为钟林对于投诉电话的处理是否妥善？有哪些需要学习的地方，又有哪些需要改进的地方？

4. 正在通话时的来电

秘书正在通话时，有另外一个电话打进来，这时可以请正在交谈的一方稍等，告诉其因有其他电话进来需要马上处理，然后迅速接听另一个电话，并尽量在短时间内处理完毕。如果第二个电话事情比较复杂，需要较长时间通话，那么可以先处理第一个电话，并尽快结束通话。但不论是哪种情况，都要向通话者解释清楚。

5. 错误来电

如果接到打错的电话，应首先说明自己的单位或部门，确认对方是否真的打错了。如果确实打错了，应礼貌地挂断电话。

6. 电话打入时室内有客人

如电话打入时正好办公室内有客人，可以先向客人表示歉意，然后再接听电话，并尽量将通话时间缩短。如果电话涉及重要事项或秘密事项，则应向来电者说明情况并暂时结束通话，然后在合适的时间回拨给对方。

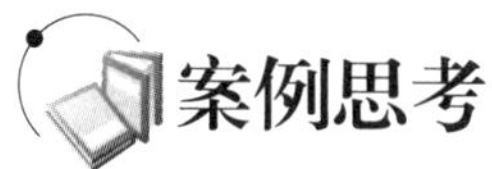

案例思考

在某单位实习的秘书小魏第一天上班，被安排负责接听电话。第一个电话铃声刚起时他就接起：“喂，你找谁?”；第二个电话是对方打错了，他一听就告诉对方：“你打错了。”然后就挂断了电话；第三个电话对方没有说明来意就直接要找总经理，他直接回答：“总经理外出和明旭公司的辛老板打保龄球去了。”对方询问总经理的手机号码，他立即告知了对方。

思考：

请指出小魏几次接电话过程中所犯的错误，并说说正确的做法。

四、接打电话的常用语句

秘书在接打电话的过程中，不同阶段会遇到不同情景，每种情景都有一些常用的语句，熟练掌握这些语句能够体现秘书良好的礼仪风范，也有助于实现通话目标。接打电话的常用语句见表 2–7。

表 2–7　接打电话的常用语句

通话阶段	通话情景	常用语句
开始通话	打电话	1. 对不起，我能占用您一会儿时间吗? 2. 请问您现在是否方便接听电话? 3. 请问您现在有时间接电话吗? 4. 您能给我一分钟让我给您介绍一下吗? 5. 我冒昧地给您打电话是因为……
	接电话	1. 您好！这里是 ×× 公司。 2. 我能为您做点什么? 3. 让您久等了，真是抱歉!
通话进行中	礼貌打断对方，暂停通话	1. 对不起，我正在赶往一个会场，您能否简短一些? 2. 我的另一个电话响了，请稍等一会儿。 3. 真不凑巧，我正在谈另外一件事情，稍后给您回电话好吗? 4. 我正在帮您查这方面的资料，请再稍等一下。
	无法回答对方问题	1. 我现在没有这方面的信息，等我了解相关情况后再给您回电话好吗? 2. 下周一我再给您答复好吗? 3. 我看得出来这件事情很重要，只是我目前还不了解相关情况，无法立刻给您确切答复。请给我一点时间考虑，以便给您一个准确的答复。您看如何?
通话结束	告别	1. 感谢您的致电，再见! 2. 祝您生活、工作愉快，再见! 3. 非常感谢您的解释和帮助，再见!

第四节　收发邮件

收发邮件是秘书经常要面对的事务性工作，谨慎、有序地处理各种公务及私人邮件是秘书重要的工作职责。秘书要合理地处理收到的邮件，正确地寄发邮件，并掌握电子邮件的收发方法。

一、邮件的基础知识

邮件是一个宽泛的概念，主要是指通过邮政系统收寄的信件或物品。随着互联网的迅猛发展，电子邮件成为邮件的主要类型。

1. 邮件的基本类型

邮件根据内容不同，可分为业务邮件、广告邮件等；根据紧急程度不同，可分为急件、平信等；根据形态不同，可分为信件、印刷品、包裹等；根据收件人不同，可分为私人邮件、公务邮件等。

2. 邮件的传递渠道

邮件的传递主要有邮政系统、快递公司、互联网电子邮件系统三种渠道。三种渠道的对比分析见表 2–8。

表 2–8 邮件传递渠道对比

渠道类型	收寄物品	优势	不足
邮政系统	纸质信件、印刷品、各类包裹（按照相关规定办理）	不易丢失，信誉优良，渠道延伸范围较广	资费较高，结算方式较少，难以为用户提供上门服务，寄送速度较慢
快递公司	纸质信件、印刷品、各类包裹（按照相关规定办理）	寄送速度快、结算方式灵活，可以提供上门服务	资费较高，存在丢失或损坏现象，覆盖范围有限
互联网电子邮件系统	各类电子文件（附件有大小限制）	速度快，费用低廉（或免费），无时间和空间限制	只限于电子文件，无法传递实物邮件

秘书在办理邮件业务时，应根据需要选择适当的渠道。一般来说，重要的信函（如合同文本等）可通过邮政系统寄送，必要时采用挂号信、特快专递等业务，也可以根据情况选择保价服务，以降低风险。

二、接收邮件

1. 签收

邮件日进出量较小的单位，邮件处理工作通常由办公室秘书兼管；邮件日进出量较大的单位一般会在办公室下设置专门的收发室，由专人负责收发邮件。收发人员的职责仅限于邮件的分拣、登记和分发，不能对邮件进行拆封和呈（送）办。

2. 分拣

秘书在日常工作中收到的邮件主要有信件、特快专递等急件，业务往来信函、写明领导亲启的信函，以及汇票、汇款单、报纸、期刊、员工私人信件等。为了方便邮件呈送和处理，秘书收到邮件后，首先要对邮件进行分类。分类的原则是：将私人邮件与公务邮件分开；将办公室内部邮件与外部邮件分开；将需要优先处理的邮件放在一起，包括挂号、保价、快递、机要和带回执等特殊邮寄标志的邮件。

3. 拆封

邮件拆封时要注意尽量保持原封完好，特别注意不能损坏封内文件。必要时，应把原封订在文件后面一并处理，以便日后查阅。

如发现有不属于本单位的文件或内装文件与应送文件不符，应按规定处理，一般应退回发件单位。

如果没有授权，秘书不能拆阅明确写了部门名称、领导亲启、私人姓名或“机密”“重要”字样的邮件。如果误拆开不该拆的邮件，应立即停止阅读，然后把邮件按原样折叠好放回信封，在信封上注明“误拆”字样，并签上自己姓名，尽快送交收件人。

4. 登记

邮件登记的一般做法是建立邮件登记表。邮件登记表既可以作为核对邮件的依据，也可以作为回复邮件的提示。

登记邮件时要注意，除私人信件、普通广告、推销信、征订单外，其他公文、公函、包裹等都应登记，以便管理。登记时应写明编号、收到日期、收件人或部门、邮件种类、办理情况等信息，具体见表 2–9。

表 2–9　　邮件登记表

编号	收到日期	发出日期	收到时间	发件人	收件人	邮件种类	处理日期	办理情况	备注
1									
2									
3									

5. 分办

邮件分办包括邮件的分类和传阅，一般分为两种情况：一是向领导呈交有阅办要求的邮件，二是向其他人递交邮件。

在呈交须由领导阅办的邮件时，秘书应该注意：呈送时，将重要的邮件放在上面，一般的邮件放在下面。重要的信件（文件）转送前最好复印一份，以备查考。如果这些邮件需要参考资料，要将两者放在一起呈交。如果领导有要求，秘书呈送文件前应先注明重点部分，如信件（文件）中的单位名称、日期、产品名称、数量、价格等，应用尺和黄色的笔（如需复印，黄色笔迹不易在复印件上显现）在这些内容下面画线，或在信件（文件）上用简练的文字作旁注，以提醒领导。

有些邮件需要在多个部门之间进行传阅，秘书应控制整个传阅过程。常用方法是：涉及多个部门的邮件，可以将有关部门的列表附于邮件上，交部门负责人处理，每位部门负责人阅毕，划掉所属部门的名称，或者由主要负责部门持有邮件的原件，并由该部门将邮件内容转告给其他部门；也可以将邮件复印，分发给有关部门。涉及多部门的邮件，应设计传阅顺序提示条，请有关人员按提示条顺序传阅。

案例思考

孙秘书刚上班一周，领导让她负责处理单位的邮件。早上第一批邮件送达时，孙秘书正忙着打电话，她让送信人把信堆放在已有一些信件的办公桌上，一边打电话，一边拿过笔签了字。打完电话，孙秘书心不在焉地把所有信件都剪开了，其中一封信被剪掉了寄信地址的一角，她也没有注意。她抽出所有的信纸放在一边，并把所有的信封放在了另一边。随后，她拿起一张信纸看了起来，只见上面写着：“小梅，好久不见……”她意识到折错了信，匆匆看完了信便把信塞回信封，又用胶水粘了起来（但是外表还是有折开的痕迹）。她又看了几封给领导的信，其中有一封急件，她觉得应该由领导回信，于是把几封信混在一起放在了领导的办公桌上。

思考：

请指出孙秘书处理邮件的不当之处。如果你是孙秘书，你会怎么做？

三、寄发邮件

1. 审核

秘书在封装寄发邮件之前需要仔细查核，查核的内容包括信函、附件和信封。信函起草完毕，秘书应该按照正确的格式进行打印，并保证字句及标点使用正确，同时核对附件是否装好，尽量保持信件的整洁、完整，防止疏漏。查核信封时要检查格式是否规范，姓名、地址、邮编是否正确，标记是否注明等。标记有两种类型：一种是邮件性质标记，如“私人”“保密”等；另一种是邮寄方式标记，如“挂号信”“特快专递”等。

2. 登记

秘书在寄发邮件时还必须进行必要的登记，登记的邮件主要有挂号信、特快专递、印刷品以及其他重要邮件。

3. 装封

邮件装封之前，秘书应将信纸上的夹子或其他装订用具取下。信纸的折叠方式应该根据信封和信纸的规格而定。

以 A4 规格的复印纸为例，装入邮局标准规格的各类大小信封的折叠方法为：

第一种，不折叠。一般重要的文件或纸张较多的信件可以不折叠，直接装入大信封中。

第二种，二折法。将纸张对折，底边折到距顶边 0.5 cm 处。

第三种，三折法。先将底边上折约 1/3，再从下往上折到距顶边 0.5 cm 处。

秘书将查核完毕的邮件折叠装入信封后，要仔细封好开口。

4. 交寄

如果邮件的数量和种类较多，应当先对邮件汇总并分类。可以将信件、包裹、印刷品等区分开，也可以将邮件分为境内平信、国际航空邮件、特快专递等种类。快件应立即处理，大宗信件应捆扎寄发。

案例思考

某日，新欣化工集团的总经理秘书小王从收发室取回了邮件，邮件包括领导亲启的信一封、邮包一个、总经理办公室收件三封。其中有一封寄自河南分公司的信，总经理出差前曾交代过让销售科科长处理，正好销售科的小李走进办公室，小王说：“小李，把这封信交给你们科长。”于是小李把信带走了。

接着，小王把总经理亲启的信放在了总经理办公桌的抽屉里，又拆开了三封总经理办公室收件。第一封收件是邀请总经理参加定于 3 月 12 日下午举办的研讨会，小王想，总经理前几天还谈到准备参加这次研讨会，12 日他正好出差回来，一定会参加的。于是小王打印了接受邀请的回信，明确告知对方总经理将参加会议，并替总经理签了名。第二封收件是两张产品样品的照片，小王看了信的内容，附件里说明有三张照片，她不知道如何处理，便把照片又放回了信封中。第三封收件是产品研发中心为了开发新产品订购的新型材料，一共有五个品种，小王凭印象觉得订购的是三种，多了两种。她心想这是供应商主动送来的，不拿白不拿，于是打电话让产品研发中心的人取走了材料。

思考：

1. 小王处理各种邮件的做法是否正确？

2. 如果不正确，正确的做法应该是怎样的？

四、收发电子邮件

1. 接收电子邮件

秘书接收电子邮件时应注意以下方面：

（1）选择专业、大型的电子邮件服务商，可以获得稳定的服务，一般不会出现收寄失败的情况。必要时可以购买付费电子邮件服务，以保障安全。

（2）办公电子邮箱和个人电子邮箱要区分使用，以树立专业的公共形象。

（3）每天至少登录一次电子邮箱，以免耽误重要或紧急邮件的接收，需要有关部门或个人办理的邮件应及时转发给相关部门或人员。

（4）可以在邮件系统中设置不同的文件夹保存不同类型的邮件。

（5）及时清理、删除垃圾邮件和无用邮件。

（6）不要轻易打开陌生邮件，防止部分陌生邮件恶意携带病毒感染本地计算机。

2. 发送电子邮件

秘书发送电子邮件时应注意以下方面：

（1）认真核对收件人地址，确保准确无误。

（2）填写适当的邮件主题，以便收件人准确了解邮件信息，防止误删除。发送重要邮件时，必须通过电话确认对方是否已经查收。

（3）由于电子邮件在互联网上传输，因此容易造成信息泄密。需要高度保密的信息不宜使用这种方式发送。如果需要发送涉密信息，应提前做好加密工作。

（4）电子邮件的正文按照普通信件的规范撰写，称谓、祝愿、落款等内容与普通信件没有区别，必须注意遵守基本的礼仪要求。

案例思考

一家大型外贸公司要召开经理级会议，总经理让担任秘书的小敏将会议日程拟好后发给每一位与会者。技术娴熟的小敏很快便做好了这件事情，并将日程以电子邮件形式发给了各位与会者，同时发到了总经理的私人电子邮箱中。

临近开会前两天，总经理非常不满地问为什么还没有看到会议日程，小敏回复说两天前已经发送了邮件。总经理说那几天他正在与客户谈合同，忙得根本没有时间看电子邮件，于是提醒小敏以后要注意，重要的事情应打电话确认。

在后来的工作中，小敏还犯过类似的错误。就这样，她在总经理心中的形象被定义为“有能力但粗心”。

思考：

你认为案例中小敏有哪些地方做得不足？应如何改进？

第五节　值班管理

值班是指在非工作时间安排专门人员值守，是各类社会组织或机构的常规工作之一。值班工作有助于及时获得信息、处理各类事务、防止安全事故，常被纳入秘书的工作范围。

一、值班工作的主要任务

1. 处理文电

值班人员应及时处理值班期间收到的文件、电话，及时将重要、紧急的文件交到领导或当事人手中，完整、准确地记录接听过的电话。

2. 传递信息

值班工作的另一个重要任务就是接收和传递值班期间往来的信息，值班人员要认真整理、鉴别和筛选来自各方面的信息，对信息的价值进行区分，以便有关部门能及时利用和处理。

3. 接待来访

接待来访也是值班工作的一项常规性任务。由于是在非工作时间，所以有些来访者的要求未必能够满足，但值班人员不应以此为借口将来访者拒之门外，应尽量帮助来访者解决问题，一时无法解决的，要说明情况、耐心解释，认真登记来访者所反映的问题和情况，并提出拟办意见，交有关部门办理。

4. 处理突发事件

突发事件是指无法预料、突然发生的各类事件，如突然停电、人员拥堵、遭遇砸抢等。遇到这类严重事件，值班人员应立即上报并予以处置。为了有效应对突发事件，值班人员应清楚了解相关的信息（如常用的应急电话），并配备必要的设备和物资（如灭火器、对讲机、监控器等）。

5. 做好值班记录

值班记录是值班人员处理事务、接听电话、接待来访的原始记录，一般有三种形式：值班日志、接待记录和电话记录（见表 2-10 至表 2-12）。值班记录应力求完整、详细，要清楚地记录值班当日发生的重要事件、接收到的重要信息、接待的重要来访者等，务必全面反映当日的重要工作。

表 2-10　　　　值班日志

值班部门		值班人数		值班负责人		值班情况	
值班人员名单							
当班时间	月　日　时　分至　月　日　时　分						
接班时间		上班责任人签名		当班责任人签名			
交接情况							
当班执勤记录							
来访接待及处理							
来电内容及处理							
人员进出记录							
物品出入记录							
交班时间	月　日　时　分						
交班记录							

表 2-11　　接待记录

来访人姓名		来访人单位	
接待时间	年　月　日　时　分至　年　月　日　时　分		
内容			
领导意见			
处理结果			

表 2-12　　电话记录

编号：××

时间	年　月　日　时　分至　时　分		
来电单位		来电人姓名	
来电单位电话号码		值班人姓名	
通话内容摘要			
领导意见			
处理结果 及值班人签字			

6. 做好交接班

值班工作是由多人分时段承担的，在交接班时应做到衔接有序。交接班可以通过口头交接，也可以通过值班记录进行书面交接。交接班时，值班人员必须对重要事项或处于发展中的情况进行详细说明，并移交相关的物品（如钥匙、文件等），以便工作正常进行。

二、值班的要求

1. 忠于职守

值班工作起到联络沟通、应对紧急情况等重要作用，值班人员应充分认识值班工作的重要意义，高度重视、忠于职守、尽职尽责、不得空岗。

2. 细致认真

值班工作事情繁杂、内容较多，往往涉及各类问题和情况，需要值班人员细心谨慎，认真妥善地安排每一项工作。如果值班人员马虎大意、敷衍了事，就会在值班期间出现纰漏，会给组织乃至国家和人民的利益造成损失，所以，值班人员必须细致认真地对待值班工作。

3. 严守秘密

值班人员要严格遵守保密制度，接到需要保密的来电来函，要严格按照相关规定办理，不得擅自拆阅机密文件，不得在接待来访者时或电话中透露国家秘密或本组织机密事项。值班人员不得在值班室随意留宿他人，以免因疏忽造成不必要的损失。

4. 热情待人

值班工作的一项重要内容就是接待工作，在接待来访者的过程中，值班人员就是组织的“窗口”。值班人员在接待时，必须做到热情诚恳、说话和气、态度大方、举止文明，给人留下良好的印象，从而起到塑造组织良好社会形象的作用。

5. 详细记录

值班人员必须认真做好值班记录，不管值班日志、电话记录还是接待记录都务必详细记录，要求字迹清晰端正，措辞准确，符合存档的要求。

某单位办公室李秘书星期天值班。下午5点，他接到一个紧急电话，电话内容是：单位的一辆面包车与外单位的一辆大卡车相撞，面包车的司机及车内三人重伤，车损严重，特请求单位急速处理。李秘书做好电话记录，思考出四种处理办法：一是等到第二天上班时向领导汇报，按领导指示处理；二是立即向主管领导汇报，请领导亲自到现场处理；三是自己立即到现场做紧急处理；四是用电话方式联系有关部门，然后再向领导汇报，根据领导指示进行处理。

思考：

李秘书思考的四种处理办法中，哪种做法最妥当？具体应当怎么做？

三、值班制度和组织形式

1. 值班制度

值班工作具有明显的岗位责任性质，必须建立严格的制度。值班制度应根据单位的工作性质和具体情况制定，一般包括值班人员的职责和权限、各项值班工作的程序、值班人员应遵守的规定、交接班时间和方法等。

2. 值班组织形式

值班的组织形式根据工作需要和人员情况而定，大体上有三种形式：

一是设有专门的值班室，配备专职值班人员负责本单位的全部值班工作。大型单位一般采用这种形式。

二是工作人员轮流值班，主要做好节假日的值班工作。

三是专（兼）职值班结合的形式，即白天由专人值班，晚上由工作人员轮流值班；平时由专人值班，节假日由工作人员轮流值班。

四、值班表的编制

值班表（见表 2-13）是清晰记录或标明值班人员姓名和值班时间的表格，一般由秘书编制，然后交主管领导审核确认，再印发给有关人员。

表 2-13　　值班表

日期	值班人员			带班领导	
	姓名	部门	联系电话	姓名	联系电话

实践指南

某公司值班管理制度

为了加强我公司安全生产保卫工作，保证信息畅通，维护各部门工作正常运转，特制定本制度。

一、值班人员

总经理为值班总负责人，副总经理、各部门经理和总经理办公室秘书为值班员。

二、值班时间

1. 日常值班：每周一至周日，其中周六和周日全天 24 小时值班，周一至周五每天 18：30 至次日 8：00 值班。

2. 节日值班：劳动节、国庆节、元旦、春节等节日值班由总经理办公室根据情况另行安排。

三、值班职责

1. 保证通信系统畅通，及时接收来电、传真及邮件。

2. 进行安全巡视，防止财物失窃。

3. 及时检查，排除火灾、漏水等事故隐患。

4. 接待来宾。

5. 认真填写值班日志、接待记录和电话记录等文件。

四、值班要求

1. 按时上岗值守，有事须提前请假并请人代替，不得无故缺岗。认真履行交接班手续，接班人员未到岗，值班人员不得离开岗位。

2. 值班时须坚守岗位，不得无故脱岗，不得进行与值班无关的活动（如聊天、打牌、看电影、玩游戏、喝酒等）。

3. 值班期间不得留宿他人。

4. 值班期间要保守秘密，不得向无关人员泄露公司内部有关情况。

5. 保持室内卫生，禁止大声喧哗、浪费水电。

6. 遇到紧急事件时，要冷静处理，敢于负责。一方面大胆采取应急措施，以免贻误处理时机；另一方面及时向主管领导汇报或向公安部门报警。

第六节　办公物品管理

办公物品的合理采购与管理是单位办公物资合理使用的有力保障，秘书在处理这项事务时要和后勤工作人员有所区分。秘书的工作重在管理，要能够了解办公物品的种类和购买方法，能够选择供应商，了解保管办公物品的基本要求，并掌握发放办公物品的基本程序和盘点办公物品的基本方法。

一、办公物品的基本类型

一般情况下可以将办公物品分为耐用品和易耗品两大类型。耐用品是指购买后可以长时间使用的办公物品，只要物品没有损坏就可以反复使用，其初次购买价格较高，但使用的时间越长其单位成本越低，如计算机、办公家具等。易耗品与耐用品不同，其使用次数有限，使用的过程就是消失的过程，购买单价较低，但消耗后需要另行购置，如打印纸、碳粉等。耐用品往往是开始办公的基础条件，一般在正式办公之前就已经购置了一部分；易耗品会在工作中不断消耗，需要随用随买，多次购置。

办公物品的种类繁多，而且随着办公需求和科技手段的进步，还会出现新的种类，表 2–14 列出了常见的办公物品。

表 2–14 办公物品类型与常见物品

类型	基本种类	常见物品	备注
耐用品	办公电器	计算机、复印机、打印机、电话机、传真机等	每种产品都有多种品牌和型号，需根据实际需求选购
	安全设备	灭火器、消防水管等	应符合国家相关标准
	办公家具	办公桌等	颜色和款式应协调统一
	文档用品	文件夹、档案盒等	采用标准化产品
	金属用品	剪刀、打孔器等	
	签章	日期戳、签名戳等	需要印泥
易耗品	纸张	打印纸、复印纸、牛皮纸	A4、A3、B5 等不同规格
	信封	开窗式信封、侧开式信封	国内信封有 5 种规格，国际信封有 6 种规格
	标签	不干胶标签	
	封装用品	胶水、胶带、装订机、订书钉等	
	打印耗材	墨盒、碳粉、色带等	应与打印机、复印机型号匹配
	金属用品	曲别针、大头针、夹子等	
	笔	圆珠笔、签字笔、铅笔等	
	笔记本	B5、A4 等纸型笔记本	

二、办公物品的购买

1. 调研办公物品需求

秘书应根据实际的办公需求采购办公物品。办公需求包括常态需求和突发需求两种情况。常态需求是持续性的，需要定期供应相关物品，如对打印纸的需求；突发需求是计划外增加的需求，可以一次性满足，如新招聘的员工入职时对各类办公物品的需求。

2. 填写购置申请表

秘书在了解需求情况后，要填写办公物品购置申请表（见表 2-15），写明所需物品的名称、数量、价格等信息，供领导审批。

表 2-15 办公物品购置申请表

申购人		申购部门		申购时间	
序号	物品名称	规格型号	数量	单价	备注
申购理由					
部门意见					
财务部门意见		主管部门意见			

3. 审批

不同的单位对办公物品采购审批的规定有所不同，但一般均需要经过“三审”，即部门主管领导审批、财务部门领导审批、单位主管领导审批。每位审批负责人均应签署明确的审批意见。

4. 采购

采购办公物品时，秘书应对各供应商的反馈信息进行比较、筛选，然后填写正式订购单，说明订购办公物品的详细情况，经主管领导审核签字，发送给选定的供应商，同时复印一份给财务部门，以备付款时使用。

5. 登记入库

如果是采购部门负责购买，秘书还需要根据订购单验收购买回来的物品。验收无误后，填写办公物品登记表（见表 2-16），将物品入库保管。

表 2-16 办公物品登记表

部门：办公室　　经手人：

序号	名称	规格	单位	数量	总价	入库时间	备注

知识链接

办公物品供应商的选择

选择供应商时要考虑以下因素：

一是价格和费用。以节约费用为原则，尽量考虑在批量购买或节假日购买时能降价销售的供应商。

二是质量和交货时间。所购物品要有质量保证，应选择可以退换货、交货快捷准时的供应商。

三是服务和位置。要比较供应商提供服务的便利性，尽量选择与单位所在地距离较近的供应商。

四是安全和可靠。选择送货过程安全以及手续、单据、发票齐全的供应商。

三、办公物品的保管与领用

1. 办公物品保管的基本要求

（1）专人负责

一般单位办公物品需要由专人负责保管，秘书往往承担这一工作。秘书应充分掌握办公物品的种类、数量等相关信息。

（2）保障空间

为了保证能准时、连续地供应办公物品，一般单位都设有库房，专门用于存放办公物品。

（3）有序存放

库房内应设立多个货架或储物柜，用于存放不同种类的物品。如果因办公物品较少而使用一个货架或储物柜时，也应根据物品种类划分必要的空间，避免不同类型的物品混杂存放，存放时应使用标签标明存放位置，以便于寻找。

（4）保障安全

存放办公物品时，必须做好防火、防潮、防盗等工作，库房应配备必要的灭火器、温度计、湿度计等设备。

（5）记录清晰

在办公物品入库、发放过程中，保管人员应及时登记，以便根据记录盘点库存数量。

2. 办公物品领用的程序与要求

（1）领用人提出申请

有需求的员工到办公室提出领用申请，填写统一印制的带有存根的办公物品领用申请单，注明领用人姓名和所在部门、物品种类和数量、领用时间等内容。

（2）部门领导审批

领用人将填写完成的办公物品领用申请单交由其所在部门领导审批，签署许可意见。

（3）分发物品

物品保管人员根据审批后的办公物品领用申请单中所标明的物品种类与数量，向领用人分发相应的物品，分发时务必准确清点物品的数量。

（4）登记

物品保管人员分发物品后，应及时将所发放的物品及数量登记备案，并核算各类物品的库存数量，及时修改相关记录。

第七节　接待

接待是秘书的一项重要工作。秘书在接待工作中代表的是整个单位，其在接待过程中的言行举止，在某种程度上是单位形象的缩影。因此，秘书应掌握日常接待及团体接待的工作流程及方法，并能处理好接待中出现的各种问题。

一、接待概述

1. 接待的礼仪

在日常接待中，礼仪是非常重要的。秘书需要掌握一些最基本的接待礼仪，才能做好接待工作，主要包括介绍礼仪和握手礼仪等。

（1）介绍礼仪

1）自我介绍。对于秘书来说，在某些场合进行自我介绍是非常必要的。介绍的内容依场合而定，公务场合除介绍自己的姓名以外，还需要介绍自己的职务，如：“您好！我是 ×× 公司总经理秘书，我叫李佳。”

2）为他人作介绍。根据尊者有优先了解权的原则，首先确定被介绍的双方哪

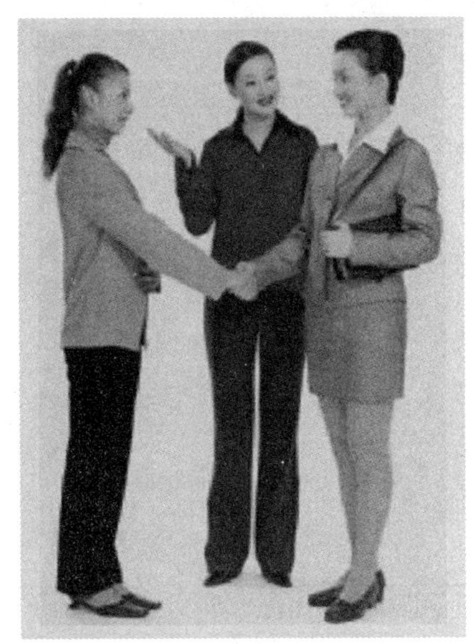

图 2–11 介绍的规范动作

一方应优先了解对方的情况，即先把对方介绍给他。一般来说，应该先把职位低者、年轻人、男士、主人介绍给职位高者、年长者、女士、客人。在工作中，一般不以性别决定介绍的次序，而是以职位的高低、资历的深浅来决定。

为他人作介绍的方式是：介绍人先注视并称呼一方，伸出右手，手心向上或向前，手指自然并拢并抬至齐胸高，指向被介绍者，如图 2–11 所示。然后，通过语言进行介绍，如：“李总经理，这位是我们公司的王总经理。王总经理，这位是 ×× 公司的李总经理。”

此时被介绍者的正确做法是走上前去（如果原本是坐着的，此时应该站起来），在距离对方一臂左右的地方站好，面带微笑注视对方，待介绍人介绍以后，握手或点头致意。

知识链接

介绍手势的正误示例

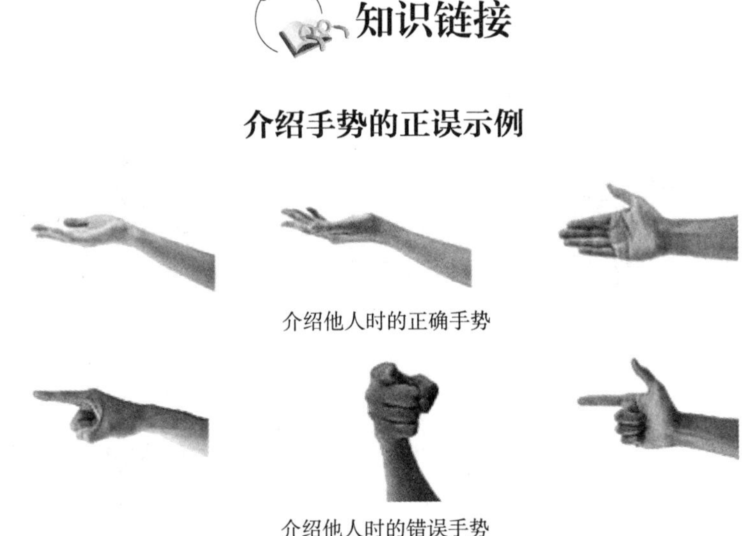

介绍他人时的正确手势

介绍他人时的错误手势

（2）握手礼仪

握手礼仪主要包括以下几点：

1）握手的次序。职位高者、年长者、女士、主人先伸手，表达握手的意愿，而职位低者、年轻人、男士、客人则应马上伸手相握。在这一次序中，握不握手的主动权属于前者，没有握手习惯或不想握手的人，可以欠身、点头以示问候。

2）握手时的目光。握手时要注视对方的眼睛，以示诚恳和自信。如果握手时东张西望，传达给别人的意思则是心不在焉、轻视或内心慌乱，这是不礼貌的行为。

3）握手的方法。握手时力度要适中，时间为两三秒。一般商务活动或社交场合中，不应握着手大幅度抖动或长时间谈话，如需拍照，可适当延长握手时间。

多人见面时，注意不要交叉握手，也就是当两个人握手时，其他人不要把胳膊从两人中间穿过与别人握手。握手时应该摘掉手套、墨镜。如果女士穿着礼服并戴着与之配套的手套，则可例外。

2. 接待的类型

根据不同的标准，接待工作可分为若干类型，具体见表 2–17。

表 2–17　接待的类型

分类标准	类型	接待者身份
来访对象的国别	内宾接待	专门接待人员、秘书、领导
	外宾接待	领导、秘书
来访对象是否预约	有约接待	专门接待人员、秘书、领导
	无约接待	
来访人数	单人接待	秘书、领导
	团体接待	专门接待人员、秘书、领导
来访对象的组织关系	上级来访接待	领导
	同级来访接待	秘书或领导
	下级来访接待	秘书或领导
	群众来访接待	秘书

3. 接待的基本步骤

接待的基本步骤如图 2–12 所示。

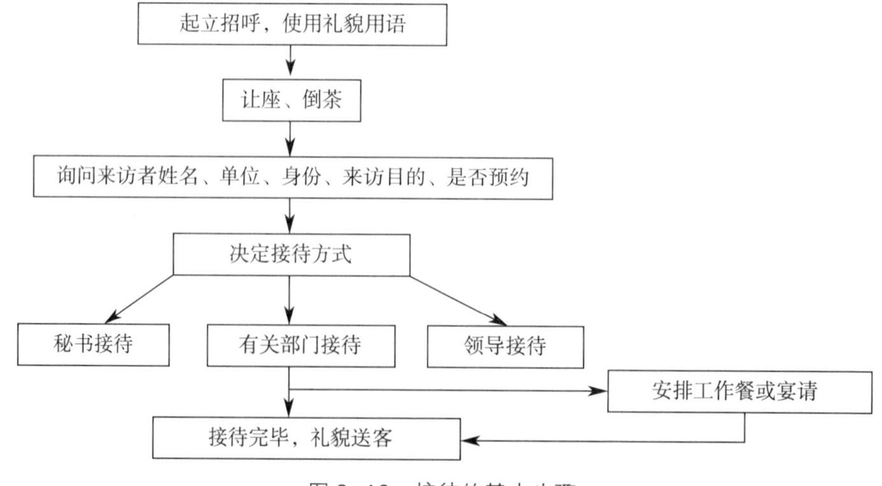

图 2–12　接待的基本步骤

二、日常接待

1. 有约接待工作流程及方法

秘书接待依约而来的客人的过程称为有约接待。在有约接待中，秘书要做好充分的准备，使接待工作有礼有序地进行，有约接待具体工作流程及方法如下：

（1）接待前的准备工作

一般来说，对预先约好的客人，秘书在接待前便要做好相应的准备工作，如适时提醒领导，做好接待室的卫生、布置及其他准备工作等。如果有必要，还要与对方进行二次确认，保证约见按计划顺利进行。接待前的准备工作见表 2-18。

表 2-18 接待前的准备工作

布置接待环境	主要地点	前台、会客室、办公室、走廊和楼梯（电梯）等处
	基本要求	清洁、整齐、明亮、美观，没有异味 前台和会客室可以摆放鲜花和绿色植物，营造出欢迎的气氛，使对方产生好感 办公桌上的文件、文具和电话等物品要各归其位、摆放整齐，不常用的物品应放到抽屉里
准备接待用品	主要地点	前台、会客室
	基本要求	在前台为客人准备座椅，样式应该线条简洁、色彩明快，还应配有茶几 会客室内桌椅应摆放整齐，桌面保持清洁。茶具、茶叶、饮料要准备齐全。会客室的照明、投影及空调等设备要确保正常使用

（2）迎接、招待客人

1）客人依约前来时，秘书应立即停下手头工作，礼貌而热情地起身招呼客人，如图 2-13 所示。

图 2-13 迎接客人

2）若与客人初次见面，秘书应热情地招呼并作自我介绍，请客人填写访客登记表（见表 2-19）。

表 2-19　　　　访客登记表

<table>
<tr><td>姓名</td><td></td><td>性别</td><td></td><td>国籍</td><td></td></tr>
<tr><td>工作单位</td><td></td><td colspan="2">职务、职称</td><td colspan="2"></td></tr>
<tr><td>电话</td><td></td><td colspan="2">传真</td><td colspan="2"></td></tr>
<tr><td>E-mail</td><td colspan="5"></td></tr>
<tr><td colspan="6">访问时间：　年　月　日　时　分至　年　月　日　时　分</td></tr>
<tr><td colspan="6">来访目的：</td></tr>
<tr><td colspan="6">随行人员：姓名　　　　性别　　　　国籍</td></tr>
<tr><td>主请人姓名</td><td colspan="2"></td><td>部门</td><td colspan="2"></td></tr>
<tr><td>联系电话</td><td colspan="2"></td><td>E-mail</td><td colspan="2"></td></tr>
<tr><td>备注</td><td colspan="5"></td></tr>
</table>

3）如果客人不止一人，秘书无法确定客人姓名时，只需要微笑打招呼："你们好！"一般情况下，客人都会作自我介绍。等客人介绍完以后，秘书再作自我介绍。此时，秘书需根据客人介绍的情况称呼对方："× 先生，× 先生，× 先生，你们好！我是经理秘书 ×××，经理正在等你们呢。"

4）如果客人比约定的时间来得早一些，领导因工作关系不能马上接待，这时，秘书应请客人稍作等候，并奉上茶水等。

5）如果客人进入办公室时秘书正在接打电话，这时秘书应先以目光或手势向客人示意，然后迅速结束通话，招待客人。

（3）引领客人至会客室

迎接客人后，秘书应妥善地把客人引领到事先安排好的领导办公室、接待室或其他接待场所。

引领客人的过程中，秘书应配合客人的步调，在客人右前方稍前处引导，并可与客人进行适当的寒暄、交谈。转弯或上楼梯时，应稍停并为客人指示方向，礼貌地用手示意并说："请这边走"或"请上楼"。乘坐电梯时，应先告知客人将要去的楼层，并按住电梯开门键，让客人后入先出。引领客人的手势如图 2-14 所示。

图 2-14　引领客人的手势

到达接待场所，秘书应向客人说明“就在这里”，并为客人打开门，请客人先入。

进入接待场所后，秘书应为初次来访的客人和领导互相介绍，先把领导介绍给客人，介绍时要注意说清楚双方的姓名和职务。然后，秘书要将客人引领入座，座次的安排一般采用“面门定位法”，即以面对大门的位置为参照物，座次的顺序是“先远后近”；如果与门等距离，按照国际惯例是“以右为尊”，即主人把客人安排在其右侧，如图 2-15 所示。

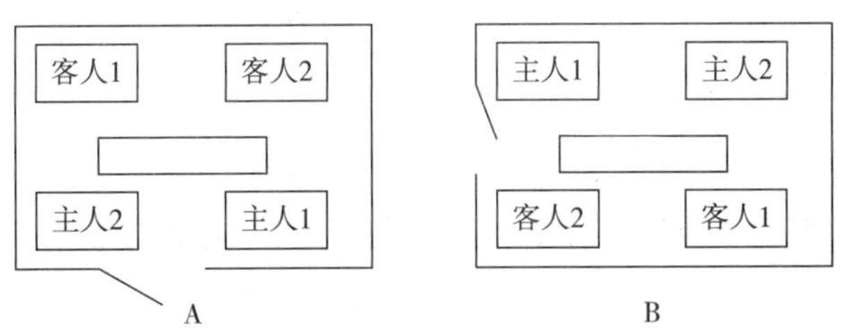

图 2-15　接待室座次图

A 图中，客人应面对门坐，主人背对门坐。

B 图中，进门后面对桌子，客人坐右侧一边，主人坐左侧一边。

（4）告退

一般情况下，领导和客人入座后，秘书要端上茶水、饮料，然后应适时告退。退出接待室关门时不要背对客人，应以正面倒走方式退出。

在领导和客人会谈时，秘书应在适当时候添加茶水、饮料，如果接待室的门关着，进去时应敲门，并诚恳地说声“对不起，打扰了”等礼貌用语。

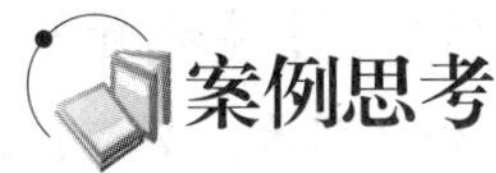

案例思考

某单位领导与前来拜访的客人正在会客厅里寒暄，秘书前来泡茶。她用手指从茶叶筒中拈了撮茶叶，放入茶杯中。这一切，领导和客人都看在眼里。领导狠狠地瞪了秘书一眼，但碍于客人在场而不便发作。客人则面露不悦之色，把放在自己面前的茶杯推得远远的。交谈中，领导与客人发生了争执，秘书觉得自己作为单位的一员，自然应该站在领导一方，于是与领导一起共同指责客人，客人则拂袖而去。领导望着客人远去的背影，生气地对秘书说道："托你的福，好端端的一笔生意给毁了，唉！"

思考：

1. 你认为案例中秘书有哪些地方做得不妥？
2. 谈谈在接待客人时秘书应注意的礼仪规范。

（5）送别

1）前台秘书一般不负责送客，在客人离开并行至前台时，前台秘书应该点头致意，目送客人，或向客人表示感谢："谢谢您的来访，请慢走！"

2）办公室秘书需要送客。客人离开时，秘书要先提醒客人带好随身物品，并送客人到电梯前或楼梯口。如果乘坐电梯，秘书要帮助客人按电梯的按钮，等客人上电梯后，微笑着向客人挥手告别，等电梯门关上后再离开；如果送到楼梯口，要等客人转过楼梯看不见时再离开。重要的客人要送到大门口，如果客人乘车离开，秘书应帮助客人打开车门，并请身份最高的客人坐在后排靠右位置。关门后，秘书仍要恭敬站好并向客人挥手告别，等客人乘坐的车离去之后再转身回来。

3）秘书和领导一起送客时，无论行走或站立，都要比领导稍后一两步，在需要开门或按电梯按钮时再赶上前去。

（6）整理会客室

客人离开后，秘书要及时整理会客室，清洗客人用过的杯子，整理客人看过的期刊、报纸等，将椅子归位，以便迎接下一位客人。

案例思考

吴丹是阳光旅行社的办公室秘书，负责旅行社的日常接待工作。今天广州浪花旅行社的张总比预约的时间早15分钟到达，吴丹请客人稍等一下，并马上给总经理打电话，而总经理正在接待另一位重要的客人，要15分钟后才能接待张总。正在这时，又有电话铃声响起，吴丹用手指了指接待区的沙发示意张总坐下，然后接起了电话。张总非常不悦。

思考：

1. 吴丹哪里做错了？

2. 吴丹是否应该安排其他人员接待张总？

3. 如果你是吴丹，如何让张总既不生气又能耐心等待呢？

2. 无约接待工作流程及方法

秘书接待没有约定而临时来访的客人的过程称为无约接待。对于突然来访者，不论是要求拜访领导的客人，还是到单位办理其他事务的客人，秘书都要进行自我介绍，只有当对方是一般的业务来访时，秘书可以不作自我介绍，而直接将其引荐给具体负责此项工作的部门。无约接待具体工作流程及方法如下：

（1）问清来访目的

自我介绍之后，秘书要问清客人的姓名、身份、目的。如果对方不愿意说明来意，秘书一定要让对方明白这是工作的需要，而不是故意刁难。例如，可以告知对方：“先生，了解您的来访目的是我的责任，这样我才能安排合适的人接待您。”还可以这样说：“先生，我需要告知领导您要谈的事情，这样我才方便安排您和他的会谈。您能告诉我大致的情况吗？”或者说：“您能告诉我为什么要见 × 总吗？这是他希望我弄清楚的第一件事。”说话时要面带微笑、态度诚恳。一般来说，善意的来访者很少会拒绝告知来访目的。

（2）立即与当事人联系

如果客人点名要与某人会谈，秘书应立即与当事人联系。但注意在联系好之前，不应给客人肯定答复，因为当事人有可能不在，也有可能不便接见客人。

秘书还应注意不要当着客人面给当事人打电话，可请客人在会客厅或专门的会客区域等候，然后再与当事人联系，确定具体的接待方式。

（3）根据具体情况做出适当处理

无约接待常见的处理方法见表 2–20。

表 2-20 无约接待常见的处理方法

客人类型	被访者情况	处理方法
明确被访者	同意马上见	安排接待
	同意晚些时候见	安排客人等候或做预约
	让他人代理	向客人讲清情况，安排他人接待
	不愿意接待或没时间	建议由他人接待或婉拒
	不在单位或联系不上	记录客人姓名、要求、联系方式并承诺及时答复
不明确被访者	相关人员有时间	安排接待
	相关人员没时间	建议由他人接待或婉拒

秘书挡驾“四部曲”

挡驾是秘书应当掌握的接待技巧，也是秘书沟通技能的外在体现。

一、礼——以礼相待进行挡驾

礼貌是人们用以沟通思想、交流感情、表达心意、促进了解的一种方式，是人际交往中不可缺少的润滑剂。秘书在挡驾时要格外注意礼貌，包括使用礼貌用语、使用“3S”接待法、使用肢体语言等。“3S”接待法是指在迎来送往过程中应当使用的 Stand（站立）、Stare（注视）、Smile（微笑）等接待礼仪。

二、理——以理服人进行挡驾

秘书在挡驾时要把重点放在办事上。办事时要以理、以规为主，以礼、以情为辅。不卑不亢是一个挡驾者最好的态度，向来访者解释单位的相关规定或办理的程序，做到以理服人。

三、情——换位思考进行挡驾

1. 提出处理的建议。

2. 先肯定再否定。

3. 取得对方理解。

四、智——利用智慧进行挡驾

1. 把握言外之意。

2. 表达委婉含蓄。

三、团体接待

团体接待的接待人员多、接待时间长，与个人来访的日常接待相比，秘书的工作内容会相应增加。秘书在接待来访团体时，应熟悉团体接待的基本程序，了解客人的背景情况，在此基础上制订接待计划，做好接待准备，并按照接待计划实施接待，最后还要做好接待总结工作。

1. 了解背景资料

（1）了解来访目的

秘书必须准确了解来访团体的来访目的，这样作出的计划和准备工作才有针对性。秘书一般应该向领导或有关人员了解情况，取得准确的信息。

（2）了解来访者的基本情况

为了使接待工作万无一失，秘书要事先了解来访者的基本情况，如所在单位的全称、业务范围、发展情况，来访者人数、姓名、性别、身份、民族（国籍）、宗教信仰等。有时还要对主宾有更多的了解，如个人爱好、性格、特长等。来访者情况了解得越多越具体，准备工作就越有针对性，接待成功的把握就越大。

2. 制订接待计划

接待计划的内容包括接待规格、日程安排、费用预算、工作人员等。

（1）接待规格

接待规格即本次接待应由哪位领导出面（由谁主陪）、有哪些其他陪同者，以及来访团体住宿、用车、餐饮规格等情况。

秘书应根据来访者的身份确定接待规格。根据接待规格不同，接待包括三种类型，即高规格接待、对等规格接待和低规格接待。

高规格接待即主陪人的职务高于主要来宾的接待方式，体现了对被接待一方的重视和尊重；对等规格接待即主陪人的职务和主要来宾相当的接待方式，这是最常用的接待方式；低规格接待即主陪人的职务低于主要来宾的接待方式，常用于基层单位。

接待规格最终由领导决定，秘书仅提供参考意见。当接待规格确定后，秘书应把己方主陪人的姓名、身份以及日程安排告知对方并征求对方意见，待对方认可后方能最终确定。

知识链接

影响接待规格的因素

● 对方与己方的关系。当对方的来访事关重大或己方非常希望发展与对方的关系时，往往以高规格接待。

● 一些突然的变化会影响既定的接待规格。如领导突然生病或临时出差，只得让他人代替，可能会使接待规格降低。遇到这类情况，应该尽量提前向客人解释清楚，向客人致歉，以获得理解。

● 对以前接待过的客人，接待规格最好参照上一次的标准。

（2）日程安排

日程安排要具体，包括日期、时间、活动内容、地点、陪同人员等方面的内容，一般以表格的形式列出，见表 2-21。

表 2-21　　接待日程安排表

日期	时间	地点	活动内容	主要接待人	陪同人员

（3）费用预算

首先，明确费用的具体来源。进行费用预算时必须列清每笔费用的具体来源，涉及几个部门共同接待的，还应划清费用比例。如果需要客人自付费用，应提前告知对方。接待费用通常包括接待工作费用（包括场地租借费、资料打印费等）、食宿费、交通费、劳务费（包括讲课费、加班费等）、参观游览费、公关宣传费以及其他机动费用。

其次，严格按照单位规定和领导授权的接待标准执行，不得随意更改。

最后，还应做好保密工作。

（4）工作人员

团队接待任务繁重，秘书一人无法面面俱到。在接待计划中要根据接待规格和活动内容确定工作人员的构成和数量，并明确工作人员所要负责的具体工作。为保证接待工作顺利进行，可制定相应的工作事项表格，提前印发给各有关人员。

在与来访一方协商，确定了接待规格、日程安排、费用预算和工作人员，并征得领导同意后，秘书应列出详细的接待计划（见表 2-22）。

表 2-22　　接待计划（示例）

时间	项目	责任人	参与人员	备注
14 日 14：00	准备鲜花、接机（站）牌	总经理办公室秘书	总经理办公室秘书	提前通知有关人员和司机
14 日 15：30	公司门口上车、接机（站）	总经理办公室秘书	总经理、副总经理接机（站），总经理办公室秘书负责接待事务	注意行前确认客人到达时间
14 日 18：30	入住酒店，办理入住手续，客人休息	总经理办公室秘书	副总经理陪同，总经理办公室秘书负责办理入住手续	为代表团办理入住手续
14 日 19：30—21：00	宴请	总经理办公室秘书	总经理出席，总经理办公室秘书负责办理宴请事务	注意宴请礼仪，事前订餐并安排好菜谱和座次
15 日 8：00	商务洽谈（公司第一会议厅）	总经理办公室秘书	双方谈判团队参与洽谈，总经理办公室秘书负责会议服务事务	注意谈判礼节
15 日 12：00—13：00	工作餐（公司员工餐厅）	总经理办公室秘书	副总经理出席，总经理办公室秘书负责办理工作餐事务	事前订餐并安排好菜谱和座次
15 日 13：00—17：00	商务洽谈并签约（公司第一会议厅）	总经理办公室秘书	双方谈判团队参与洽谈，总经理办公室秘书负责安排签约	安排好签约准备
15 日 17：30	送代表团回酒店	总经理办公室秘书	总经理办公室主任及秘书	提前通知司机
16 日上午	代表团参观公司	总经理办公室秘书	总经理办公室秘书	
16 日 13：30—17：00	代表团成员自行安排	总经理办公室秘书	总经理办公室主任及秘书	提前通知司机
16 日 18：30	宴请（酒店）	总经理办公室秘书	总经理带队	注意宴请礼仪，事前订餐并安排好菜谱和座次
17 日 8：30	送代表团返程	总经理办公室秘书	副总经理及总经理办公室秘书	办理退房手续，提前通知司机在酒店外等候

案例思考

随着业务的迅速发展，某旅行社计划开拓东南亚旅游市场。经过多次商谈，泰国和马来西亚的两家旅游公司总经理应邀来该旅行社进一步商谈合作事宜。旅行社接到的传真上说，泰国公司一行4人将于周三上午9：45到达机场，马来西亚一行3人将于周三上午10：00到达机场。旅行社总经理要求秘书吴丹负责这次涉外接待工作。在制订接待计划时，吴丹觉得两拨客人抵达时间基本相同，所以安排了一辆9座商务车去机场接这两拨客人。结果因马来西亚客人的航班晚点，让早到的泰国客人一行4人在机场等了将近3个小时。

思考：

你认为吴丹的接机安排正确吗？如果你是吴丹，你将如何安排此次接机呢？

3. 做好接待前的准备工作

（1）接待的物质准备

准备会议室必要的办公设备以及用于美化会议室环境的花卉和盆景，如果是涉外接待，还应准备双方或多方的国旗或区旗。

（2）接待的材料准备

准备来访一方的背景资料和己方接待过程中需要的材料。来访一方的背景材料包括来访人员构成、单位经营状况、来访目的以及与此次来访相关的其他材料；己方的接待材料包括发言稿、祝酒词、答谢词、交流材料和协议书等。

（3）接待的环境准备

为接待创造一个良好的环境，确保接待环境空气清新、光线适宜、色彩协调、布局合理。

（4）接待的心理准备

要做好热情、真诚对待来访者的心理准备，细心准备每一个接待环节，确保接待工作顺利开展。

（5）交通、食宿安排

事先做好来访者的接站以及交通、食宿安排工作。提前确定好交通工具和交通路线，安排好住宿地点、房间数量和住宿标准，明确用餐地点、用餐标准和用餐席位等。

（6）礼物准备

可以根据单位的规定和经费预算为来访者准备一些有纪念意义的小礼品。

（7）与本单位相关部门沟通情况

秘书要提前与接待计划涉及的相关部门进行沟通，商定接待的时间、内容、地点、人员等事项。

（8）与来访者沟通情况

日程安排初步定好后，秘书要报给来访一方，并征求对方的意见。一般要尊重来访一方的意见，如果要求实在难以办到，秘书要如实向对方解释清楚。

4. 组织接待工作

接待计划确定后，秘书应按预定计划组织接待，接待过程中如果有突发情况，再根据实际情况调整。接待工作的重点有迎候接站、安排食宿、安排领导拜会、合影留念、参观游览、安全保卫、帮助客人解决临时需求以及送别等内容。

5. 做好善后工作

当客人离开以后，秘书应该做好善后工作，包括总结本次接待工作、结算有关费用、归还租借的相关物品、向领导汇报接待情况、整理接待文字材料和音视频材料、做好立卷归档等工作。

实训

1. 请根据某单位办公室的基本情况及布局要求，结合办公室布置的原则和方法，利用 Word 软件绘制合理的办公室布置图。

（1）基本情况

办公室面积：40 m^2（8 m×5 m）。

办公人员：主管 1 人，秘书 1 人，下属 3 人。

办公设备：公用文件柜 1 个、电脑桌 1 张、公用计算机 1 台、办公桌椅 5 套、沙发 1 套、茶几 1 个、绿色植物若干。

（2）个人办公需求

主管：多项（个人任务，给秘书安排任务，接待访客）。

秘书：两项（个人任务，接受主管安排的任务）。

下属：单项（个人任务）。

（3）个人空间需求

主管：办公桌应与秘书座位邻近，并拥有独立的接待空间，以保证不会给下属造成干扰。

秘书：和主管办公桌邻近，以保证和主管频繁沟通不会影响其他同事。

下属：不受干扰的个人办公空间。

2. 认真观察如图 2-16 所示的两个办公室场景，然后完成以下问题。

（1）对两个办公室的环境状况分别进行检查与评估，指出其基本构成与要求，用表格予以说明。

（2）这两个办公室中存在哪些安全隐患？如何消除这些隐患？用表格予以说明。

图 2-16　办公室场景

3. 查阅资料，用表格形式列出常用办公电器设备的名称及其常见安全隐患与故障，并注明使用与维护注意事项。

4. 根据要求，分组演练接打电话的工作场景。

（1）接听电话

情景 1：王秘书接到一位重要客户的电话，需要立即请示领导如何处理与该客户的合同问题。此时领导正在会见一位来自德国的客户，洽谈明年丝织品的出口事宜。

情景 2：办公室两部电话同时响起。

（2）拨打电话

情景1：根据上个月的经营情况，单位决定召开一次部门负责人会议。王秘书负责电话通知各部门经理开会。

情景2：单位定于10月10日至20日举办新产品展销会，地点在市展览中心。刘秘书负责电话告知各兄弟单位并询问关于举办新产品展销会的相关事宜：如果派团参加，每个展位租金2 000元，应提前30天订展台，提前15天汇报展出产品项目。

（3）婉拒电话

王淼是××食品公司总经理秘书。年底将至，公司马上就要开董事会了。由于销售额大幅度下滑，总经理的心情非常烦躁。这天上午10点左右，广告公司的赵总经理来电话，想就明年广告代理问题与总经理交换看法。正忙得晕头转向的总经理一听说谈广告代理的问题，就对王淼说：“不就是明年广告代理的事吗？现在没时间！”面对这种情况，王淼应该怎么回复赵总经理？下面有五个选项：

A：赵总，我们总经理今天的日程安排实在太满，很难抽出时间，回头再给您打过去，可以吗？

B：赵总，您的事我们总经理知道了，下次再约时间吧。

C：赵总，我们总经理正急着准备材料，不能接电话。

D：赵总，关于广告代理的问题，跟我们市场部梅经理谈谈可以吗？

E：赵总，我们总经理今天身体有些不舒服，您先跟我说说，我再转告他可以吗？

请从上面五个选项中挑选出一个你认为最合适的回答，并说明理由。

5. 公司财务部要领用一些办公物品，包括尺子、胶水、胶带、复写纸、曲别针等。如果你是办公室秘书，请根据实训背景，演示正确的发放程序。

6. 根据以下2个实训情景，完成接待事宜。

情景1：王总经理原定于明天接待某合作伙伴，但是一位非常重要的客户邀请王总经理明日出席一个重要活动。王总经理只能安排李副总经理接待前者，并嘱咐秘书小刘办理相关事宜。

情景2：秘书小刘正在前台值班，一位怒气冲冲的中年女士推门而入。小刘马上起身迎接客人：“您好！请问您是……”中年女士：“你们经理在吗？我找他！”说完就要往里走。

7. 根据以下 2 个实训情景，拟订接待方案和接待计划表。

情景 1：按照计划，贝特蒙公司的刘副总经理一行 7 人将于后天来公司拜访，但公司的汤副总经理有个重要的会议要参加，不能亲自到机场迎接，嘱咐秘书吴丹做好接机工作。

情景 2：吴丹顺利完成接机工作，又于两天后到机场为刘副总经理送行。

part 03

第三章 秘书“办文”工作

学习目标

- 了解并掌握收文办理的程序及各个环节的操作技能
- 了解并掌握文书立卷的原则、范围及方法
- 能够科学地进行日常文书的收文处理
- 了解并掌握发文办理的程序及各个环节的操作技能，能够科学地进行日常文书的发文处理
- 了解电子文件的特性，掌握电子文件的处理方法

第一节 收文

收文是指接收从外部送达本单位的公务文件和材料。凡是单位收进的一切以文字作为表达工具的关于公务的材料，都是收文。办公室秘书处理的收文包括公务性文件、电报、信函、内部刊物、资料等。收文的处理程序一般包括签收、拆封、登记、拟办、请办、传阅、催办、承办、办复和来文收集等。

一、签收

签收是指收件人将收文清点后，在对方传递文书单或送文登记簿上签字，表示已收到文件。签收的目的是明确公文交接双方的责任，保证公文运行的安全。签收的任务主要包括清点、检查和签字。

1. 清点

清点就是在正式接收公文之前认真对照传递文书单或送文登记簿的信息进行查看，确认文件的登记件数与实有件数是否相符。如果不符，应主动和发文单位联系说明情况。

2. 检查

检查就是核对封套上注明的收文单位、收件人是否与本单位相符，如有误投，应立即退回。检查时还应核对封套编号是否与传递文书单或送文登记簿的登记内容相符，检查公文包装是否有破损、开封等问题，如果有错误，要及时退回，并查明原因。

3. 签字

签字就是清点、检查无误后，收件人在传递文书单或送文登记簿上签署收件人姓名和收到日期。签收时要签写收件人的全名，并注上收到的年、月、日，急件要注上收到的年、月、日、时、分，以备事后查考，字迹一定要清晰、工整。

二、拆封

拆封是指将收件封装拆开并将函件取出的过程，这是秘书人员的特有职责。拆封时要注意以下事项：

1. 对签收的公文要进行简要分类，一般公务文书可由秘书人员拆封，绝密文件一般由文秘部门负责人拆封。

2. 拆封时注意不要损坏文件，同时要将封内文件全部取出，如果发现空封，应及时与发文单位联系，查明原因。

3. 逐封核对来文，如果发现错送文件，应及时与发文单位取得联系并退回。

4. 拆封后的文件要单独存放，不要与已处理文件混放，更不要将未处理文件交由他人处理。

5. 拆封后的空封应集中存放一段时间，以便发现差错后及时核对查询。

三、登记

登记是指将文件启封后，对照接收的文件在本单位的收文登记簿上将相关信息记录下来。做好登记可以方便对收文数量进行统计以及今后查考利用。登记的内容主要包括文件名称、来文机关、接收部门、密级、来文日期、签收人等。

根据具体情况不同，登记时可采用总登记或分类登记的方法。总登记适用于收文数量较少的单位，即把所有收到的文件按年度、收文时间先后编流水号登记；分类登记适用于收文数量多的单位，即先按来源或内容对所有收到的文件分类，然后在各类别内再编流水号登记。

登记所使用的方式主要有簿式登记、卡片式登记、联单式登记三种。它们的优缺点比较见表 3–1。

表 3–1　文件登记方式的比较

特点＼名称	簿式登记	卡片式登记	联单式登记
优点	易于保管，便于文件交接和统计	登记灵活方便，便于文件检索	避免重复登记，节省时间
缺点	不便于检索	容易丢失，不便于管理	容易丢失，不便于管理

在登记收到的文件时，应注意以下几点：一是不能漏项，能在登记时完成的项目，应立即填写，需要后补的，应及时补填；二是填写收文号时不要空号、重号；三是登记项目不可任意删减；四是书写时要用钢笔和签字笔，字迹要工整、规范，不得随意涂抹；五是登记时应分清轻重缓急，如果收文较多，那么先登记急件和重要件，然后登记一般件；六是密件和平件应分别登记，以便管理。

四、拟办

拟办就是对需要办理的文件提出初步办理意见，供领导或部门负责人参考。拟办意见力求准确、及时、简洁、具体。所提意见一般应包括解决问题的方法措施、理由依据、承办部门（人员）及时限等。如果有两种以上方案，应一并提出，一般将自己倾向的意见及理由放在前面，以提升办文效果；难以提出具体拟办意见或对所提意见没有把握时，应先和有关部门联系，听取意见和会商后再提拟办意见；如各部门意见不一，难以协调一致，可在综合分析的基础上拟出倾向性意见，并说明理由，供领导定夺；书面难以表述清楚时，应向有关领导当面陈述拟办意见。

拟办意见应工整、清晰地写在收文处理单的对应栏目中（见表 3–2），并签注拟办人姓名和日期。同时，拟办意见不能千篇一律，应针对不同情况分别拟写（见表 3–3）。

表 3–2　收文处理单

<table>
<tr><td>来文单位</td><td></td><td>文件编号</td><td></td><td>文件序号</td><td></td><td>份数</td><td></td></tr>
<tr><td>来文时间</td><td></td><td>收文编号</td><td></td><td>归档卷号</td><td></td><td>性质</td><td></td></tr>
<tr><td>标　　题</td><td colspan="4"></td><td>承办时限</td><td colspan="2"></td></tr>
<tr><td>拟办意见</td><td colspan="7">办公室：　　年　月　日</td></tr>
<tr><td colspan="8">阅批意见：</td></tr>
<tr><td colspan="8">催办情况：</td></tr>
<tr><td colspan="8">办理结果：</td></tr>
<tr><td colspan="8">承办部门、姓名：　　年　月　日</td></tr>
</table>

说明：1. 请阅后和办理后速交存档。
2. 带有“机”“绝”字样文件只限指定范围内阅办，不要扩大范围。

表 3–3　不同文件的拟办意见

文件类型	处理办法	拟办意见
上级主送本单位并需要贯彻落实、办毕回复、传阅周知的公文	应提出拟送哪位领导批办或哪个单位承办的具体意见	“请 ××× 经理阅”“拟转 ×× 部门阅”
来自下级或平级、不相隶属单位需要予以批转、转发和回复的公文	要指定对口业务部门予以承办，必要时应注明时限	“请 ×× 部门在 × 月 × 日办复”“请 ××× 批示”
需要两个或多个部门共同办理的公文	应指定牵头单位，以免互相推诿	“请 ×× 部门主办，×× 部门会同办理”
一般文书，包括来往函件、抄送件和只是办公（秘书）部门知道即可的阅件	可有选择地送领导阅知，不提拟办意见	仅写“此件存查”即可

五、请办

请办是指经授权的文书工作人员将需要办理的文件直接注明送请主管业务部门经理处理。请办是拟办意见的一种，可在文件左上角注明“请 ×× 部门办”或“请 ×× 部门会同 ×× 部门办”，并加盖公文处理章。对需要两个以上部门办理的文件，请办时应当指明主办部门。

六、传阅

传阅即专（兼）职文书人员将公务文书在多部门或多位负责人之间传递，使之得到有效地阅知和处理的活动。它是收文中阅件办理的主要工作环节，直接影响公文承办和效用实现的速度。传阅文件的原则和要求见表 3–4。

表 3–4 传阅文件的原则和要求

流程事项		原则	具体要求
阅前	阅文顺序	依据阅文者的责任、各部门的工作活动范围等要素安排阅文顺序，要尽量缩短传阅流程	一般公文应按“有关者必阅，无关者不阅”的原则，参办者先阅，需知晓者后阅。紧急公文、专送公文和需分管领导直接阅处的事项，应按先办后传、急先缓后等方法处理。由文书人员将公文依次传送给有关阅文对象，阅文者阅毕退回文书人员
阅中	遵守传阅时限及保密规定	应抓紧时间阅读文件	当天阅完后应在下班前将文件交回文书人员，阅批文件一般不得超过两天。阅过后填写文件传阅单（见表 3–5）
		对文件内容要保密	不得将有密级的文件带离办公场所，也不得将文件转借其他人阅看；阅文时不得抄录全文；不得任意取走任何文件及附件，如确系工作需要，要办理借阅手续，以防止丢失、泄密
阅后	返还文件	签阅并及时返还文书人员	阅后应签名以示负责，如有领导“批示”“拟办意见”，办公室应责成有关部门和人员按文件所提要求和领导批示办理有关事宜

表 3–5 文件传阅单（附在文件前）

文件号：

日期（ 年 月 日）	部门	姓名	签字	批示

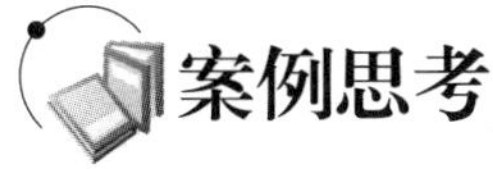

案例思考

小苏是某地产公司办公室秘书。某天上午，她正在做简报，这时总经理来催问办公会下发的关于综合楼项目的文件是否都收回来了。小苏因为最近太忙还没顾上，所以她做完简报后马上找各位经理想把文件收回，可是有位经理不知道把文件放在哪儿了，暂时没有找到。总经理知道此事后非常生气。

思考：

1. 你认为小苏哪个工作环节出了问题？

2. 小苏没有及时收回会议文件，可能会有什么严重后果？

七、催办

催办是指根据缓急程度和办理时限要求，适时对需要办复的文件进行查询督促，以防积压和延误，这是文书处理程序中具有监督、反馈作用的环节。

催办一般分为两种：一是对内催办，即由本单位文书部门对各承办部门公文承办过程实施检查、督促，即对收文的催办；二是对外催办，即由发文单位对自身发文的办理情况进行了解、催询、检查和督促，即对发文的催办。

办公室对文件负有催办、检查和督促的责任。承办部门接到文件、函电应立即指定专人办理，不得将文件压放、分散，如需备查，应按照有关保密规定，并征得办公室同意后，予以复印或摘抄，原件应及时归档。各种催办方式优缺点比较见表 3–6。

表 3–6　各种催办方式优缺点比较

催办方式	优点	缺点	适用情况
电话催办	方便灵活，催办速度快，节省时间	不能发现文件处理中的复杂问题	常用于对内催办，偶尔用于对外催办
信函催办	不受通话时间的限制，可以讲清情况，有利于承办人及其领导传阅	信函写作、传递耗时长、速度慢	常用于外埠和比较复杂的催办工作
催办卡催办	相较催办信函更加省时、省力	邮寄耗时长、速度慢	不常用
登门催办	催办人与承办人面对面交流，可以及时发现问题，帮助承办人解决一些具体困难和实际问题，催办效果较好	当需催办的任务较多而人员较少时，不易落实	重大工作，需要当面反复沟通的工作
会议催办	可以节省时间、提高效率	催办会议的筹备会给承办人增加负担	重大工作，涉及部门众多的工作
简报催办	对久拖不办的部门进行适当批评，对办文速度快、质量高的部门加以表扬	编制、发送简报较为耗费时间	重大工作，承办周期较长的工作，不同部门承办进度难以统一的工作

八、承办

承办是指有关部门或人员根据领导的批办意见，结合本部门的实际情况，具体办理和解决文件所针对的事务和问题的活动。它是文书处理的中心环节和核心部分，是具体解决问题的阶段，也是检验一个单位工作质量和工作效率的重要标志之一。承办部门对交办的批件必须件件有着落，事事有回音，一般要求在 15 日内办结。

承办的文件范围包括：

1. 上级组织机构针对本单位的指示。
2. 上级领导交代的事项或需要办复的公文。
3. 来自下级组织机构的请示及重要的报告。
4. 平行单位或非隶属单位要求协作的函电、合同等。

九、办复

办复是指需要办理的文件在办理完毕后对来文机关所作的答复，它体现了收文处理过程的最终结果。办复通常由主管部门承担，但对于有些承办文件，承办部门也可依据领导指示或经主管部门同意后直接办复。办复的形式和具体做法见表 3-7。

表 3-7 办复的形式和具体做法

办复形式	具体做法
函件答复	用行文的形式答复。一般情况是由承办人代拟文稿，然后经部门负责人审查签署后，连同“交办文件”及“领导批示”一并退回交办机关的办公室审核，再送领导签发
口头答复	口头传达处理意见后要做记录，记录内容包括时间、方式、受话人、处理意见四个方面，以备查考
复文答复	有些下级来文，领导批示了具体的处理意见，可以将其直接复印后发送来文机关
当面答复	有些问题比较复杂，需要承办人出面，带着审订的处理方案前往来文单位就地研究、解决问题。必要时，要形成“会谈纪要”作为处理的依据，如无纪要，也要有“处理记录”以备查用
统筹安排	在年终或年初经过研究确定方案，一次性通知各部门

十、来文收集

来文收集是指对处理完但需要立卷归档或保存一定时间的来文进行汇集，也叫文件归档。来文收集是文书立卷归档的准备工作。秘书人员要认真细致，经常、及时地对来文进行收集，保证归档文件的齐全完整。

一般来说，具有查考价值的公文都要收集，如上级单位主送本单位的文件和主要资料、下级单位主送本单位的请示和情况报告，以及在办理过程中形成的其他材料、非隶属单位主送本单位需要办理的信函、重要会议的文件资料等。

第二节 发文

发文是指将本单位的文件发送到外单位。凡本单位发出的一切关于公务的文件、信函、电报及其他文字材料，都属于发文。发文工作是秘书工作的主要内容，包括从文件起草到成文发出的全过程。

一、发文文稿的形成

1. 拟稿

公文拟稿（或叫拟写）是指文件的起草工作，实际上包括从草拟初稿到讨论修改再到形成送审稿的整个过程，它是发文工作的第一个环节，在全部文书工作中占有重要的地位。

一份高质量的文件必须是从本单位角度出发，在内容上要如实地反映工作情况和业务活动，有针对性地、及时地提出问题，恰当地、妥善地解决问题；在文字表达上要简明通顺、确切得体、说理透彻、叙事清楚，使收文机关便于阅读、理解和处理，切实发挥推进工作的积极作用，真正成为办事的有效工具。

文稿拟好后，拟稿人应填写文件处理单（见表 3-8）并附在发文稿纸首页，详细写明文件标题、发送范围、印刷份数、拟稿单位与拟稿人，并签名、盖章、注明日期和密级。

表 3-8

文件处理单

×××（单位名称）发文稿纸

<table>
<tr><td>发文字号</td><td colspan="2">发［　　　］号</td><td>时限</td><td colspan="2"></td><td>密级</td><td></td></tr>
<tr><td>签发</td><td colspan="2"></td><td>会签</td><td colspan="4"></td></tr>
<tr><td>主送</td><td colspan="7"></td></tr>
<tr><td>抄送</td><td colspan="7"></td></tr>
<tr><td>拟稿单位</td><td></td><td>拟稿人</td><td colspan="2"></td><td>核稿</td><td colspan="2"></td></tr>
<tr><td>印刷</td><td></td><td>校对</td><td colspan="2"></td><td>份数</td><td colspan="2"></td></tr>
<tr><td colspan="5">附件</td><td>打印时间</td><td colspan="2"></td></tr>
<tr><td colspan="8">主题词</td></tr>
<tr><td colspan="8">标题</td></tr>
</table>

续表

正文

2. 会商

会商是由发文单位主动组织相关单位或部门，就有关问题共同协商进行解决。在协商完毕取得一致意见后，发文单位应请这些单位或部门的有关责任者签注会商意见。会商意见应签在“发文稿纸”的有关栏目内，写明对有关内容是否同意，并亲笔签名和注明时间。

会商时应注意以下几点：

（1）会商的对象应齐全没有遗漏。应保证公文内容所涉及的所有单位或部门都在会商范围之列，征求其意见，获得其肯定或配合。

（2）会商过程中，如未就有关问题取得一致，应及时向有关上级单位反映情况，请求指示。如未获准，不得按自己的意见向下行文。

（3）会商时可采取多种具体方式。可以“跑会”，即主动到对方所在地面商；可以“函会”，即向对方寄发草稿和有关函件，请其签注意见后再寄回；也可以用会议方式召集有关单位或部门的责任者一起协商讨论，取得一致意见。

3. 核稿

核稿是指文件草稿在呈送领导审批签发之前，相关人员对文稿进行的审核把关工作。核稿是提高公文质量的一个重要环节，它通过对文稿从内容、文字到体例等方面进行全面的审核检查，使文稿的缺点和问题及时得到改正，保证文件质量，为领导最后签发打下良好的基础。因此，秘书人员必须严肃、认真、细致地对待核稿工作，应字斟句酌、反复推敲，切忌粗心大意、不负责任。

核稿的重点在于以下几个方面：

（1）是否需要行文，是否具备行文条件，发文名义是否合适，有无错用。

（2）文种是否正确、规范，行文方向是否准确，有无多头主送、滥抄滥报、违制或越级行文等现象，公文能否对受文者产生预计的影响。

（3）公文内容是否合法，是否真实准确、明确具体、界限清楚、前后一致、切实可行、详略得当。

（4）公文格式是否规范、正确，文体是否正确，结构是否齐全、完整。

（5）语言表达是否简明、得体、有条理，是否符合逻辑，是否准确、易于理解、没有歧义；主题是否明确，人名、地名、时间、数字、引文是否准确；标点是否正确，字迹是否工整、清晰、规范。

（6）公文是否经过会议讨论通过，是否经过会商，是否需要上报。

4. 签发

签发即由对公文负有法定责任的领导或被授予专门权限的部门负责人对经审核后的文稿进行终审，批注发出意见，并签署姓名及日期的活动。签发是各级领导履行自身职责的重要工作环节，必须依法依职进行。签发工作的要点和具体内容见表 3–9。

表 3–9　　签发工作的要点和具体内容

<table>
<tr><th>签发工作的要点</th><th colspan="2">签发工作的具体内容</th></tr>
<tr><td>签发的作用</td><td colspan="2">除按有关规定由会议批准的公文外，签发是绝大多数公文生效的法定程序，公文草稿一经签发即成定稿，具备正式公文的效用</td></tr>
<tr><td rowspan="4">签发的类型</td><td>正签</td><td>指签发人在自身法定职权范围内签发公文</td></tr>
<tr><td>代签</td><td>指根据授权代他人签发公文，如正职领导因公外出，经授权由主持日常工作的副职领导签发</td></tr>
<tr><td>核签</td><td>指部门或下级单位的重要发文请上级领导签发</td></tr>
<tr><td>会签</td><td>指联合行文时，由各机关的领导共同签发；或指由一个部门起草，内容涉及其他单位或部门的文稿，送到有关部门去会商、签发</td></tr>
<tr><td rowspan="2">签发的原则</td><td>先核后签</td><td>签发要履行正常手续，一般应先核稿、后签发。签发后的定稿未经原签发人同意，一般不能再作改动</td></tr>
<tr><td>分层签发</td><td>1. 单位名义的发文由单位领导签发，其中内容重要或涉及面广的公文由正职或主持日常工作的副职领导签发，部分公文可授权办公室负责人代签
2. 内设机构名义的发文由该机构领导签发，其中重要的公文可由单位有关领导核签
3. 会议通过的决议以及会议纪要等由会议主持人签发
4. 联合行文时，签发人级别应具备足够的权威。原则上主办单位由哪一级领导签发，其他单位也应对等由同一级领导会签</td></tr>
</table>

二、发文制作

1. 编号

编号是指编写发文字号，同时也包括编写公文份数序号。发文字号即文件发文顺序的编号，它是今后引用、检索文件的重要依据，必须按统一的规则确定，同一份文件只有一个发文字号。发文字号要能反映出该文件的制发机关、制发文件的年份和该文件在制发当年所发文件中的顺序，包括发文机关代字、年份、序号。年份、序号用阿拉伯数码标识，年份应标全数，用六角括号“〔 〕”括入。序号不编虚位（即“1”不编为“001”），也不加“第”字。

公文份数序号是指将同一文稿印制若干份时每份公文的顺序编号，通常称为“份号”，主要用于机密或绝密文件中。如果一份文件不需设置保密等级，则不用编制份号。

2. 复核

复核是指在公文正式印制之前，文书部门对文件定稿进行再次审核的工作。公文复核是公文正式印制前文秘部门进行的最后一次复审。

复核的重点包括以下方面：

（1）审批、签发手续是否完备，附件材料是否齐全（在办理过程中是否有遗失或缺页）。

（2）格式是否统一、规范，是否有错别字、漏字等。

3. 缮印

缮印是指根据发文定稿进行排版并印制文件正本的过程。缮印文件的种类包括打印、胶印、铅印和复印。缮印必须严格按照相关的国家标准规定执行。

缮印公文的具体要求是：第一要准确，应以签发的定稿为依据，从文字到格式都严格依据签发定稿，不得擅自改动，如发现定稿中确有错漏之处需要改正，也应向上汇报，由拟稿人或审核人进行重新审核和修改；第二要规范，严格按规定的公文格式制版；第三要及时，即将公文在规定的时间内印制完成，急件应优先印制；第四要整洁、清晰，确保印制出的公文不被污染、干净整洁、字迹清晰、易于阅读。

4. 校对

在缮印过程中，应将印制出来的文本清样与定稿再次进行逐字、逐句、逐个标点的校对。对数字、地名、人名等关键词语，更要反复校核，对公文的发文字号、密级、紧急程度、标题、主送单位、抄送单位、日期、印刷份数、页码等尤需逐一校核。注意消除和纠正排版错误，做到字体、字号、格式的统一。通常文稿不长，校对 1～2 次即可；如果文稿较长或很重要，校对的次数相对要多一些。应使用统一的校对符号进行校对，防止因校对符号不一致而发生错误。重要公文还应将校对后的清样送单位领导审阅、修改。校对无误后应填写缮印登记表（见表 3–10）。

表 3-10　　缮印登记表

序号	文件标题	送文单位	送文时间	印文数量	印文时间	取件人姓名	缮印人姓名	备注

5. 用印

用印是指在印好的文件正本的落款处正确加盖本单位公章，以示文件生效的过程。加盖单位公章是机关行使职权的凭证，是公文是否有效的标志，也是公文格式的一个组成部分。

用印的文件必须是已签发的文件。要按规定用印，用印的位置应在发文日期上，做到上不压正文、下要骑年盖月，印章端正、印色朱红、浓淡适宜、印迹清晰。

三、分发

分发又叫封发，是指对印制完毕需要发出的文件按分发的范围进行分封和发送的过程。

分发是发文工作的基础环节。分发文件总的要求是要使文件准确、合理地进行定向、定速、定量的流动。文件分发由文秘部门承担，包括书写封面、装入文件、封套封口、登记、发送文件等一系列工作。

做好分发工作具体要求如下：

1. 封装文件前应先看发文稿纸注明的发送单位、密级、有无附件，然后根据发送文件份数对发出的文件数量作认真清点，确认份数无误，特别要注意附件是否有漏缺，文件有无缺页、倒页、错页等现象，有无漏盖印章等问题。

2. 文件封面的书写必须清楚、正确，邮编、地址、部门名称、姓名、称谓都要书写工整，不得滥用简称和不规范的字体。

3. 文件装入封套时要注意短于封口，封口要牢靠、严实，不能用订书钉封口，应用胶水封实，有密级的文件还要按密封要求贴上密封条并骑缝加盖密封章。

4. 文件发送要按照文件自身的情况通过不同的渠道进行。文件发送的渠道见表 3-11。

表 3-11　文件发送的渠道

发送渠道	特征
普通邮寄	即通过国家公共邮递系统递交文书，分为平信、挂号、特快专递等，一般用于传递无保密要求的公开性、普发性文件
机要通信	即通过国家邮政部门为传递党政机关涉密文件而单独开辟的特种邮递系统递送公务文书
机要交通	即通过专设机要交通系统传递重要的涉密文件，主要是为党政机关、大型企（事）业单位服务
电信传输	即通过公共或专设电信系统，以电报、传真、计算机网络通信等方式递送公文，其优点是速度快、可远距离快速传递，但在保密性、可靠性方面较差

5. 大批寄发的普发性文件可印制成套的信封，以节省书写时间，避免书写差错。对办复的发文，要履行注办手续。

四、办毕文件的处置

办毕文件是指完成了收文或发文处理程序，已经发出或承办完毕的公务文书。办毕文件的处置是根据有关规定和实际工作情况，对办毕文书予以定期清理、确定价值、分门别类，决定其“去”“留”“存”“亡”的活动，具体内容包括立卷归档、清退、销毁及暂存处理等。对办毕文件进行妥善处置是文书工作中不可忽视的程序。妥善处置办毕文件可以使文书工作善始善终，有助于充分发挥公务文书的全部功能和效用，避免失密、泄密，防止无用信息对各项工作活动造成干扰。

第三节　文书立卷归档

文书立卷归档是指按照一定的要求与方法，把办理完结、具有保存价值的零散文件组合成案卷（见图 3-1）并存档，其意义在于保护文件安全，为单位、国家积累档案财富。文书立卷归档一般由秘书负责，既要保证案卷质量，又要便于本单位有关人员在需要时快速查找。

一、文书立卷范围

秘书每年要处理大量的文件、材料，但这些文件、材料并不全部需要立卷归档。立卷归档的重点是本单位形成的文件、材料，同时，还应包括能够反映和记述本单位主要职能活动的具有保存价值的文件。具体来说，文书立卷范围见表 3-12。

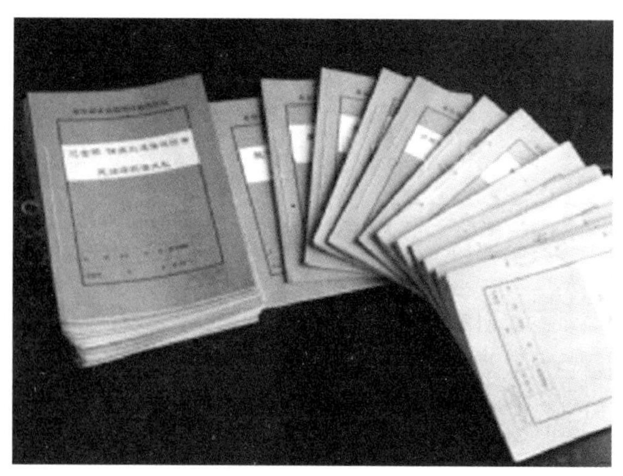

图 3-1　案卷

表 3-12　　文书立卷范围

文件来源	文件特点	备注
本单位文件	本单位工作活动中形成的各种管理性、业务性、规范性文件及有保存和查考价值的材料等	本单位制发的纯事务性文件和临时性文件一般无须立卷
上级来文	上级单位颁发的需要本单位贯彻执行的文件	包括上级领导视察本单位工作时的重要指示、讲话、题词、照片和具有特殊保存价值的声像文件材料
非隶属单位来文	非隶属单位颁发的需要执行的法规性文件或与本单位联系协商工作的重要来往文件	包括有关业务单位对本单位工作检查形成的重要文件
下级单位来文	主要是下级单位应当办理或请示审批应当备案的文件	包括下级单位报送的重要工作计划、报告、总结、统计报表、财务预算等文件

二、立卷方法

立卷有很多种方法，不同的立卷方法适用于具有不同特征的文件。一般较常用的立卷方法有以下 7 种，具体见表 3-13。

表 3-13　　常用的立卷方法

序号	方法	含义	适用文件	特点
1	按名称特征立卷	将名称相同的文件放在一起组成案卷。这里的名称指的是文件的文种	名称明确、内涵规范的各类行政公文、党的公文以及事务文书	便于区分文件的重要程度和保管期限
2	按问题特征立卷	将内容为反映同一问题的文件放在一起组成案卷	问题特征明确、内容不易交叉的文件	能够保持文件内容方面的联系，有助于反映问题处理的全貌，便于按问题查找文件

续表

序号	方法	含义	适用文件	特点
3	按时间特征立卷	将同一年度或同一时期（相同时间段）的文件放在一起组成案卷	时间分明的文件，如年度计划、总结等	反映特定时间范围内的工作情况，便于查考在不同发展阶段的工作全貌
4	按作者特征立卷	将属于同一作者的某些文件材料放在一起组成案卷	发文机关单一而明确	保持了同一作者文件之间的联系，方便按作者查找文件
5	按地区特征立卷	将文件内容针对同一地区或来源于同一地区的文件放在一起组成案卷	仅适用于下级单位来文，对上级单位和本单位以及平级单位来文一般不适用	可以迅速了解某一地区的工作全貌
6	按通信者特征立卷	将本单位与某一单位就某一问题进行工作联系而形成的函件放在一起组成案卷	询问函与答复函，请示与批复	可以反映双方就有关工作进行的联系和处理过程
7	综合法立卷	运用两个或两个以上特征立卷	根据所选特征综合选择文件	结合特征越多，形成案卷的专指性越强

立卷时应考虑每一个案卷内的文件数量。一个案卷一般以 200 页左右为宜。个别案卷的文件数量确实达不到这么多时，一般也不能少于 40 页，否则应考虑与其他类案卷合并，避免出现“一柜子档案，半柜子卷皮”的现象。

三、立卷的基本流程

1. 预立卷

各立卷单位的专职文书处理人员或专（兼）职档案人员应根据历年文件材料形成的情况准备若干卷夹，及时收集属于立卷归档的文件材料，依照本单位文件材料归档范围归入相应的卷夹内，便于保管、利用和立卷。

2. 立卷分类

立卷分类是进行立卷的前提工作，即确定立卷类别和条目。

（1）立卷类别

立卷类别是指公文材料的类属，一般是按组织机构分类，直接以机构名称作为分类类别，有多少机构就设多少类目，也可按内容与载体分类。设置立卷类别要与档案室档案分类保持一致，方便以后归档。

（2）条目

条目是指类别之下具体概括一组公文材料的题目。

3. 立卷组合

立卷组合是指将经过分类的文件材料按一定形式组合起来。立卷组合一般应以问题为主，按照文件类型组合，适当分级，兼顾其他特征，使之联系紧密。

立卷组合一般具有以下几种形式：

（1）本单位工作、生产、管理活动中形成的各种管理性、业务性、规范性文件和调研材料等，一般按单一问题组合。

（2）会议文件，包括工作计划、总结及其他有重要查考价值的文件，根据文件的数量不同，可以一会一卷、一会数卷或数会一卷。

（3）各部门报送的统计材料、表册和报告等文件，根据文件数量不同，可组一卷或数卷。

（4）重要的来信、来访材料，可按信件作者、信件的处理形式或反映的问题组合。

（5）简报、刊物及其他特殊性文书材料，根据文件的数量不同，可以一期一卷或数期一卷。

4. 卷内文件排列

卷内文件一般按照重要文件在前、次重要文件在后的顺序依次排列。密不可分的文件依以下次序排列：

（1）内部文件材料一般按重要程度或时间顺序排列。

（2）批复、批示在前，请示、报告在后。

（3）正本在前，附件在后。

（4）正本在前，定稿在后（重要法规性文件的历次稿依次排列在定稿之后）。

（5）发件在前，被转发件在后。

（6）非诉讼案件材料、结论性材料在前，依据性材料在后。

5. 卷内文件的编号

卷内文件的编号应按照排列顺序用阿拉伯数字在有字迹或图表的一面逐页编写页号，空白页不编号，页号位置在每页材料正面的右上角，背面在左上角，一律用铅笔书写。同时，还要编写卷内文件目录（见表 3–14）。卷内文件目录必须按规定格式逐件、逐项填写，其编写要求见表 3–15。

表 3-14　　卷内文件目录

顺序号	文号	责任者	文件名称	日期	页号	保管期限	密级	备注

表 3-15　　卷内文件目录的编写要求

项目	编写要求
顺序号	以卷内文件排列先后顺序填写序号；用阿拉伯数字连续编号，不得空号；请示、批复分别编写
文号	即文件制发单位的发文字号
责任者	即文件的署名者。没有注明责任者的文件材料要考证清楚再填写。一般填全称，也可填通用简称。但不得简写为“本省”“本单位”“本公司”等
文件名称	即文件的标题。一般应照实抄录，不能随意更改和简化。没有标题的或标题不能说明文件内容的文件可自拟标题，外加“[ ]”号。会议记录应根据每次会议的主要内容自拟标题，依次填写
日期	即文件的形成时间。会议记录应依次填写每一次会议召开的时间
页号	即卷内文件所编页号。除最后一份文件填起止号外，其余文件只填起号
保管期限	依据保管期限表确定案卷的保管期限
密级	按卷内文件材料最高密级填写
备注	对卷内文件变化作说明之用

6. 填写卷内备考表

卷内备考表主要内容包括：

（1）本卷情况说明。填写卷内文件缺损、修改、补充、移出、销毁等情况。案卷立好以后发生或发现的问题由有关档案管理人员填写、签名并标注时间。

（2）立卷人。由责任立卷者签名。

（3）检查人。由案卷质量审核者签名（要求立卷单位主要负责人或分管档案工作负责人签名）。

（4）立卷时间。填写完成立卷的日期。

卷内备考表必须用碳素墨水笔填写。若卷内无情况说明，也必须将立卷人、检查人的姓名和时间填上，以示负责（见图 3-2）。

7. 案卷装订

案卷装订具体做法如下：

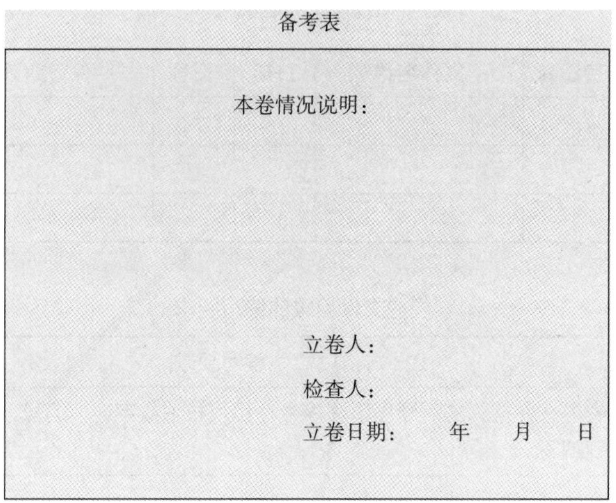
备考表

本卷情况说明：

立卷人：

检查人：

立卷日期：　　年　　月　　日

图 3-2　卷内备考表

（1）打印卷内文件目录，将卷内文件目录置于卷内文件之前。

（2）案卷装订前要去掉卷内文件上的金属物，确保案卷左侧和下侧与卷皮平齐，采用三孔一线法装订。

（3）案卷装订前，要检查案卷各部分排列顺序。正确顺序应为案卷封面—卷内文件目录—卷内文件—备考表—封底。

（4）不能和文件放在一起的同一问题或同一事件的照片、图片等，要统一整理、分别存放，并在编目时注明互见号和存放地点。

8. 拟写案卷题名和填写案卷封皮

案卷题名即案卷标题，一般应由立卷人自拟。案卷题名要求结构完整，应由卷内文件的主要责任者、问题、名称（名称不超过 3 个）组成，拟写时要求做到简明扼要、概括确切、文字通顺，正确地把卷内文件内容揭示出来。案卷题名一般采用段落式标法拟写，末尾不加句号。

填写案卷封面时，要求使用碳素墨水笔或钢笔书写，字迹要工整、清晰，应逐项按规定填写类目名称（类目名称必须盖章）、案卷题名、起止时间、保管期限、件数、页数、归档号（归档号必须用铅笔填写），如图 3-3 所示。

9. 案卷排列

案卷装订和填写封皮后，就需要进行系统排列，确定每一类目中案卷的前后顺序和摆放位置，使案卷之间保持一定的联系。案卷排列要做到先将绝密档案单独排列，按案卷保管期限将案卷分开，将每一类目的案卷按一定标准进行排列。

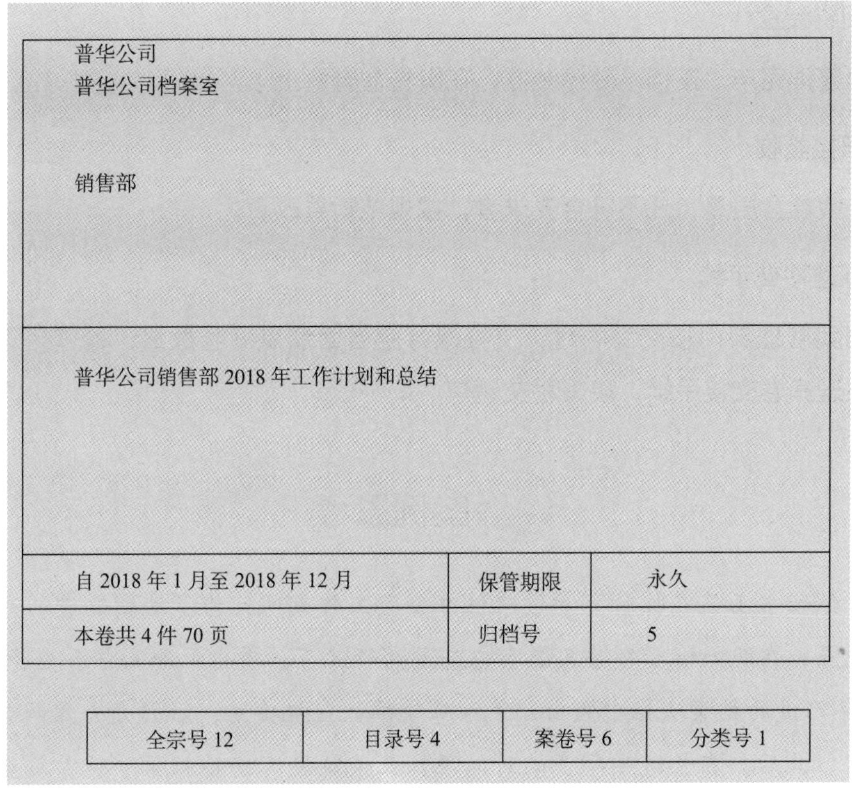

普华公司
普华公司档案室

销售部

普华公司销售部 2018 年工作计划和总结

自 2018 年 1 月至 2018 年 12 月	保管期限	永久
本卷共 4 件 70 页	归档号	5

全宗号 12	目录号 4	案卷号 6	分类号 1

图 3-3　案卷封面

10. 案卷编目

案卷编目是直接用于登记案卷封皮上各项目的表格，其内容通常包括案卷号、文书处理号、案卷标题、卷内文件起止日期、件数、页数、表格期限和备注等。

四、文件归档

立卷工作完成后，就要进行文件的归档工作。文件归档一般包括打印目录、编写立卷说明、案卷装盒、归档验收、办理移交手续等环节。

1. 打印目录

将案卷编目与案卷进行核对无误后打印一式三份，其中两份报送档案管理部门，一份自存。

2. 编写立卷说明

立卷说明通常由立卷单位基本情况和立卷归档情况两部分组成，它是立卷部门在每年立卷归档后对当年本单位主要职能活动情况和立卷归档文件内容所作的简介。立卷说明一式两份，一份报送档案管理部门，一份自存。

3. 案卷装盒

案卷整理完毕，按档号顺序装盒，在案卷盒脊背上填写档号。

4. 归档验收

检查案卷盒质量，凡不符合要求者，按规范指导改正。

5. 办理移交手续

向档案管理部门移交案卷时，交接双方应当面清点案卷数量，检查无误后，双方必须办理案卷交接手续，填写移交清单。

案例思考

某单位秘书王某在临时负责该单位办公室工作期间，为了给新购进的复印纸腾出存放地点，在既未请示领导又未亲自查看的情况下，擅自批准工作人员将1957年至1969年形成的档案从柜中搬出，装入麻袋堆放在机要室，后因办公室调整又转放到油印室。此后，在长达半年多的时间里，王某既没有安排档案管理人员整理、保管这批档案，又没过问这批档案的下落，使得这批档案最终被人误认为是油印室无用的废纸而予以销毁。事发后，单位责成王某作出深刻检查，并给予其行政警告处分。

思考：

王某为什么受到了行政警告处分？王某的案例对你有什么警示作用？

实践指南

某学校文书立卷归档制度

一、公文必须实行由文书部门立卷或业务部门立卷的制度，这是提高案卷质量的一个重要措施。文书立卷归档工作是文书处理工作的重要环节，立卷归档工作的好坏直接影响案卷的质量，文书人员必须认真做好立卷归档工作。

二、本校党、政、工、团各职能处室均为立卷单位。

三、各立卷单位必须指定专人（兼职）负责本科室的立卷工作，各科室领导要加强对立卷工作的领导，将其纳入本部门工作范围。

四、凡本校在工作活动中形成的具有保存价值的文件材料，均由立卷单位进行整理、立卷。各级领导和承办人员办理完毕的文件材料均应及时交有关部门整理立卷，不得私自保存立卷的文件材料；立卷人员应及时收集整理，防止文件材料散失。如果遇到文件材料短缺或承办手续不完备及其他不符合要求的情况，应补办齐全，保证文件材料准确、完整。

五、各部门立卷归档的文件材料以本部门形成的为主，与本部门工作有直接关系的上下级来文也必须立卷，保证归档材料齐全、完整。本校党政公务形成的文件及上级来文均由学校办公室立卷。

六、文书立卷归档的具体要求

1. 立卷前把本部门一年内形成的文件材料统一收集整理、核对清楚，保证归档的文件材料齐全、完整。

2. 应保持立卷归档的文件材料之间的内在联系，区分保存价值，分类整理立卷。

3. 把文件按年分开，不同年度的文件不能混在一起立卷，但一些分年度的特殊文件可采取以下做法：前一年形成的本年度工作计划和下一年形成的本年度总结放在本年度文件内；长远规划放在所针对的开始一年年度文件内，连续几年的工作总结放在所针对的最后一年年度文件内；跨年度的文件归于结束的一年年度文件内。

4. 把文件按级别分开立卷，但上级对本校的批复、批转和本校对下级的批复、批转文件应在本校卷内；本校的文件材料在前，上、下级的文件材料在后；其余文件材料按上、下级文件分开立卷。

5. 按内容分开立卷，把一个问题或一项工作、一次会议、一个案件所形成的文件材料作为有联系的一个整体立卷。

6. 把文件按永久、长期、短期三种保管期限分开立卷。

7. 卷内文件按一定的规律进行排列，目的是保持文件之间的联系，使卷内文件系统化地反映问题。单一问题的文件按时间顺序排列，几个问题的文件按问题结合的时间顺序排列。一份文件正本在前，定稿在后；转发文件在前，来文在后；批复在前，请示在后；有的请示虽无正式批复件，但用其他形式答复或有处理结果的，要求承办人员或有关人员在请示件上加以注明。排列完毕的文件材料要拆去金属装订物，在右上角用铅笔编写页号，如果正反两面都有文字或图表，两面都编页号，反面编在左上角并填写好卷内目录。

8. 案卷标题要简明确切，正确地反映卷内文件主要内容，各立卷单位负责草拟所立案卷的标题，划定保管期限，由综合档案室统一填写。

9. 各立卷单位应按各类档案的具体要求定期向综合档案室移交。文书档案在下一年六月底以前移交完毕，并履行移交手续。

七、为了保证案卷质量，综合档案室负责督促、检查和业务指导，协助各部门做好文书立卷归档工作。

第四节　电子文件管理

随着计算机技术的日渐普及，信息存储的数字化变得越来越重要。如今，人们再也不需要面对堆积如山的文件，取而代之的是更加便利的电子文件。因此，秘书有必要熟练掌握电子文件管理的方法和技巧。

一、电子文件的特性

1. 数字化形态

电子文件在计算机中产生和处理，其信息形态是数字化的。在计算机内部，无论是传输还是存储、处理，电子文件均以数字编码的形式存在。

2. 非识读性

电子文件采用的数字式代码是人工不可识读的，只有借助计算机解码才能转换成文字、声音、图形、图像等人们可识读的形式。

3. 对电子技术和设备的依赖性

电子文件的形成和利用均依赖于电子环境和电子技术。当生成电子文件的软件、运行该软件的操作系统和硬件更新换代，以致与原系统不兼容时，要对原系统进行转换、迁移工作，确保电子文件的可读性。

4. 信息的可变性

电子文件的信息内容与形式相对独立，人们对电子文件信息的增删、更改十分方便。

5. 信息与载体的可分离性

电子文件的信息内容可以在不同载体上同时存在或相互转换，可以根据需要随时改变或扩展、缩小其存储空间，通过网络传给异地的计算机终端。

6. 电子文件的可共享性

电子文件的数字化存在形式和网络化传递手段，使其承载的信息能够采用多种形式显示、输出，可以不受时间和空间限制进行传播和交流，随时随地进行查阅和利用，实现文件资源的共享。

7. 多种信息载体的集成性

电子文件可以将文字、音频、视频、图像等不同媒体形式的信息记录在同一份文件上，使其声像并茂地展现文件内容。

二、电子文件的处理

1. 电子文件的形成与积累

电子文件生成于计算机环境中，既依赖于计算机的硬件、软件，又依赖于计算机网络以及安全技术。

电子文件形成的方式主要有键盘录入、光学字符识别和扫描输入。电子文件有两个方面的主要来源：一是职能部门自身创建；二是从工作网络上采集。前者一经生成，便由文件创建者直接收集；后者一般是在部门间的业务交流和上、下级单位的工作交流中产生，它们流动在网络上，职能部门为了工作需要而将其采集。

电子文件的积累分为两种类型：一种是在网络上，系统设计自动记录的功能，记载电子文件的产生、修改、删除、责任者、入数据库时间等；另一种是用存储载体传递的电子文件，按规定进行登记、签署，对需要更改处理的，填写更改单，按更改审批手续进行，并存储备份件，防止出现差错。

2. 电子文件的传输

电子文件的传输方式分为人工传输和网络传输两大类。

（1）人工传输

人工传输即以盘片为媒介的传输。传输前，先把电子文件信息存储在 U 盘或光盘上，通过人工传递盘片，进行信息传输。

（2）网络传输

网络传输即利用计算机网络技术进行在线传输。电子文件的在线传输使文件传输不再受地理和人力的限制，传输速度快。网络传输又可分为局域传输和远程传输两种形式。局域传输是指利用局域网技术进行的在线传输，主要应用于单位内部，其传输速度快，适合于有时效要求的用户。远程传输是指利用远程网络技术进行的在线传输，即通过互联网以电子邮件或即时通信系统进行电子文件的传输，适用于电子文件的异地传输。

案例思考

公司召开全体股东大会以后，秘书小李需要下发给各个部门多达几百页的资料。

使用打印机将如此多的资料打印出来，不仅会造成资源的浪费，而且还会花去大量的时间。此时，小李向经理请示：能否将这些资料转化成 PDF 格式，进一步上传至单位内网中，供各位同事下载。经理认为这样的方法非常可行。

随后，小李使用电子邮件给每一位部门主管发送了文件的具体存储位置，并请他们将文件进一步分发给需要阅读该文件的下属员工，一项大难题就此解决。

思考：

阅读案例，谈谈案例中小李的做法对你的启发。

3. 电子文件的整理

电子文件的整理是指按照一定的原则和方法，将收集、积累的电子文件分门别类，形成有序体系的一项工作。电子文件的整理是检索电子文件的前提，它为电子文件的管理奠定了基础。

（1）分类、排序

分类、排序是将通过存储载体传输的分散、杂乱的电子文件进行分类、标引组合，使电子文件存储格式处于一致、有序状态的活动。秘书应按照档案管理要求对电子文件进行分类、排序，著录标引电子文件的名称、文件号、分类和隶属编号等。

（2）建立数据库

数据库是存取电子文件的“虚拟文件库”。电子文件经过科学整理，进行分类编号后，要对数据库中电子文件的信息进行登记，建立检索体系。

归档电子文件以盘片为单位的，填写归档电子文件登记表（1）（见表 3-16）；以份为单位的，填写归档电子文件登记表（2）（见表 3-17）。

表 3-16　　　　归档电子文件登记表（1）

<table>
<tr><td rowspan="5">文件特征</td><td>形成部门</td><td colspan="3"></td></tr>
<tr><td>完成日期</td><td></td><td>载体类型</td><td></td></tr>
<tr><td>载体编号</td><td></td><td>题名</td><td></td></tr>
<tr><td>通信地址</td><td colspan="3"></td></tr>
<tr><td>电话</td><td></td><td>联系人</td><td></td></tr>
<tr><td rowspan="4">设备环境特征</td><td>硬件环境（主机、网络服务器型号、制造厂商等）</td><td colspan="3"></td></tr>
<tr><td rowspan="3">软件环境（型号、版本等）</td><td colspan="2">操作系统</td><td></td></tr>
<tr><td colspan="2">数据库系统</td><td></td></tr>
<tr><td colspan="2">应用软件文字处理平台</td><td></td></tr>
<tr><td rowspan="3">文件记录特征</td><td>记录结构（物理、逻辑）</td><td colspan="3"></td></tr>
<tr><td>记录字符及图形文件格式</td><td colspan="3">□ ASC Ⅱ　□ BCD　□ EBCDIC　□ FIELDATA
□汉字，指明具体字符集　□音频，指明格式
□图形，指明具体类型　□视频，指明格式</td></tr>
<tr><td>文件载体</td><td>型号：
数量：
备份数：</td><td colspan="2">□一件一盘　□多件一盘
□一件多盘　□多件多盘</td></tr>
<tr><td rowspan="8">文件交接</td><td>形成部门</td><td colspan="3"></td></tr>
<tr><td>通信地址</td><td colspan="3"></td></tr>
<tr><td>电话</td><td></td><td>联系人</td><td></td></tr>
<tr><td>送交人（签名）</td><td colspan="3">年　月　日</td></tr>
<tr><td>接收部门</td><td colspan="3"></td></tr>
<tr><td>通信地址</td><td colspan="3"></td></tr>
<tr><td>电话</td><td></td><td>联系人</td><td></td></tr>
<tr><td>接收人（签名）</td><td colspan="3">年　月　日</td></tr>
</table>

表 3-17　　　　归档电子文件登记表（2）

文件编号	题名	形成时间	文件性质代码	文件类别代码	载体编号	保管期限	备注

4. 电子文件的归档

（1）归档方式

电子文件的归档方式有物理归档和逻辑归档两种。物理归档是将计算机及其网络上的电子文件集中传输至独立的或可脱机保存的载体上并向档案部门移交的过程；逻辑归档是指文件形成部门将归档电子文件的逻辑地址通知档案部门，档案部门通过网络接收、控制与管理电子文件的过程。

（2）归档时间

电子文件的归档时间有实时归档和定期归档两种。实时归档是指在电子文件形成后即时归档；定期归档是指按规定的归档周期归档。采用逻辑归档方式的单位，应尽可能实时归档，以免出现差错。采用物理归档方式的单位，电子文件的归档时间可借助纸质文件归档经验，遵照有关规定定期完成。双套归档的电子文件和纸质文件，归档时间应统一。

（3）归档要求

归档的电子文件应完整齐全，凡是归档范围内的文件均应及时归档，不得分散保存。归档的电子文件应真实有效，文本文件应是最后定稿，图形文件如经更改，应将最新版本连同更改记录一并归档。各种文件的草稿应根据需要决定是否归档。

（4）归档手续

电子文件经检验合格后，形成部门与档案部门均应在归档电子文件登记表和归档电子文件检验登记表上签字或盖章，这两张表格均应一式两份，移交双方各留存一份备查。

实训

1. 某公司收到集团总公司发来的《关于各子公司财务负责人向集团总公司述职的通知》文件，秘书姜珊将按照收文处理程序进行收文。请三位同学为一组，一位扮演收发室人员，一位扮演秘书姜珊，一位扮演分公司领导，模拟收文过程。

××集团公司文件

×字〔2018〕8号

关于各子公司财务负责人向集团总公司述职的通知

各子公司：

根据集团总公司规定，为提高企业财务主管人员素质，决定拟在12月底组织各子公司财务负责人对2018年度工作向集团公司述职。

一、述职的主要内容

根据董事长“关于创新提升、做强做大、加快××集团发展新阶段的进程”的总体工作安排和××集团2018年度财务工作总体要求，包括以下主要内容：

1. 企业2018年度预算、财务收支计划、信贷计划执行情况，在加强和改进财务及资金管理、坚持收支两条线和资金集中管理方面所做工作。

（后略）

二、请各子公司财务负责人（述职人员名单见附件）根据上述要求认真准备述职书面材料，有关述职时间、地点另行通知。

附件：述职人员名单（略）

××集团公司（公章）

二〇一八年十二月十二日

主题词：集团　财务　通知

××集团办公室

2018年12月12日印

2. 大方公司是一家大型企业，每天都有大量的文件、邮件需要处理。但该公司存在文件传阅方式单一及管理不当的现象，一定程度上影响了工作的正常进行。公司拟在近期对办公室人员进行培训，培训重点是文件的传阅方式和要求。行政经理要求秘书吴月提供相关资料，并将文件传阅的方式和要求制作成PPT文件。

要求：假如你是吴月，请你完成上述任务，并将收集好的资料和做好的PPT文件以电子邮件的形式发给行政经理。

3. 远达公司为了开拓国际市场，组织相关人员到欧洲进行了实地考察，需要形成一份报告给集团公司。假定你是远达公司的行政秘书杨梅，下面是行政经理唐明需要你完成的任务：

（1）说明起草该文件的要求。

（2）说明该文件审核的具体方面。

（3）说明审核后的发文处理程序。

（4）说明分发的要求。

4. 将下列文件组成案卷，并拟定案卷标题，列出卷内目录。

（1）远方房地产公司人事部 2018 年工作计划 9 页

（2）远方房地产公司施工部 2018 年工作计划 8 页

（3）远方房地产公司人事部关于录用新员工的请示 15 页

（4）远方房地产公司关于录用新员工的批复 15 页

（5）远方房地产公司关于加强安全生产工作的决定 14 页

（6）远方房地产公司施工部关于“9·12”事故情况的报告 3 页

（7）远方房地产公司经理办公室关于暑期施工安全工作的紧急通知 5 页

（8）远方房地产公司人事部关于新员工培训工作的请示 6 页

（9）远方房地产公司关于新员工培训工作的批复 2 页

（10）远方房地产公司经理办公室关于表彰奖励优秀员工的决定 5 页

（11）远方房地产公司经理办公室关于召开年终总结表彰大会的通知 1 页

5. 假定你是远达公司行政秘书杨梅，下面是行政经理唐明需要你完成的任务：

本公司档案分类确定采用年度分类法，要求判定档案文件所属年度，并把档案归入相应的年度内。请你写一份关于如何正确判定档案文件所属年度的文字材料。

part

04

第四章 秘书“办会”工作

学习目标

- 掌握会议的含义与组成要素，了解会议的基本流程
- 掌握会议的种类、会务工作的内容及程序
- 能够正确拟订会议筹备方案，会拟写各种会议文书
- 了解会中服务工作的内容，掌握会中各项工作的流程
- 掌握会后事务性工作的处理方法
- 掌握会议纪要的写作内容和撰写要求

第一节 会议工作概述

“办会”工作是秘书日常的一项重要工作，秘书应掌握会议的基本知识和办会的相关技能。

一、会议的含义及意义

1. 会议的含义

会议是指三人以上聚集在一起，有目的、有组织、有领导地商议事情的一种活动

形式，是实施领导和管理的重要手段和工具，一般包括议论、决定、行动三个要素。

2. 会议的意义

会议是一个集思广益的渠道，它表现出组织的存在，是一种群体沟通的方式。

二、会议的基本组成要素

1. 主办者（出资者、发起者等）。

2. 承办者（可以来自主办者内部，也可以是来自主办者外部的个人、组织）。

3. 与会者（参加会议的对象，包括正式成员、列席成员、工作人员、嘉宾等）。

4. 会议议题（会议讨论或解决的问题）。

5. 议程（会议日程安排）。

6. 会议时间（一是指会议召开的时间，二是指整个会议所需要的时间，三是指每次会议的时间限度）。

7. 会议地点（会议召开的具体场所）。

8. 会议保障（会议规则、会议经费）。

需要注意的是，每次会议时间最好不超过 1 小时。如果需要较长时间，应该安排中场休息。

三、会议的基本过程

1. 会议的基本阶段

会议主要分为会前、会中、会后三个基本阶段。会前精心筹备、会中周全服务、会后组织落实都是会议成功举办的重要保障。

2. 会议的基本流程

会议策划→会议组织构架与审批→制定会议筹备方案→拟订会议通知→会议承办与准备→会议签到与接待→安排大会发言→会议值班→会中组织与管理（做好会议记录和简报工作，做好会议的选举和表决工作）→会后管理与落实（印发会议纪要）→会议评估与总结→催办与反馈。

四、会议规范

1. 所有与会者将每周工作安排时间表交给会议安排人，以找出最适宜所有与会者的开会时间。

2. 超过 1 小时的会议应有书面通知、议程表及相关资料，一般所有与会者都要准备发言材料。

3. 会议应准时开始，准时结束。

4. 会议结束时达成决议。

5. 所有与会者应承担起对会议质量进行反馈的职责。

6. 必要时请第三方监控，以保证会议质量。

五、衡量会议质量的主要标准

1. 会前

会议是否确有召开的客观必要性，会议目的和会议风气是否端正，会议时机是否已经成熟，会议的议题是否明确，会前的沟通是否到位，各项准备工作是否已经准备充分等。

2. 会中

会议规模和规格是否适度，绝不可小会大开或大会小开，随意升格或降格；会议节奏是否紧凑，要尽可能化繁为简，绝不短会长开；会议是否守规守法，一切应有条不紊地进行。

3. 会后

评价会议的正面实际效益，包括社会效益、经济效益和学术效益等。

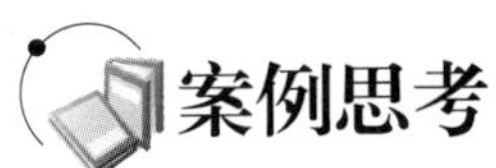

案例思考

刘助理是单位有名的办会专家，无论大会、小会、内部会议和外部会议，每次会议的筹办都离不开他。新来的张秘书经常给他打下手，一回生二回熟，干了一年，张秘书也摸出了点门道。张秘书想：办会有何难，只要经费充足、事先准备、手脚勤快，一切问题都可以轻松解决。

独立施展才华的机会终于到了。单位要举办一次大型会议，不仅规模大、规格高，还邀请了不少嘉宾。这段时间刘助理正好出差未归，张秘书主动承担了办会的任务。

会议计划、会议文件、会议通知、会议接待、会场布置、会议程序、会间调度等事项张秘书都安排得井井有条，只等会议召开。

没想到，会议一开始麻烦就来了。先是单位领导念的嘉宾名单与来宾对不上号，接着总经理使用的PPT文稿又出了问题，无法使用，总经理只好脱稿即席演讲。会后张秘书又得知，工作人员把主席台领导的位置顺序安排错了，让被安排在边座的田副总经理很是生气。

从此，每次组织大会时总经理都要亲临现场逐项检查。他还告诫所有秘书人员说，秘书工作事务杂，事事都要精细，稍一马虎就会出大漏洞……

思考：

1. 你认为张秘书在会议筹备过程中有哪些没有考虑到的地方？
2. 作为一名秘书，如何才能出色地完成会议筹备工作？
3. 秘书在会议准备过程中要关注哪些容易出问题的细节？

六、提高会议质量的主要方法和措施

1. 严格执行会议审批制度，不合乎条件的会议一律不开。
2. 建立健全并严格实施包括会议规则在内的一整套会议制度。
3. 科学、有效、充分地做好会议准备工作。
4. 严格控制会议人数，不允许无关人员与会。
5. 保证会场秩序，禁止无关人员随意入场，与会人员不得中途无故退场。
6. 议题应集中，日程要紧凑，应尽量缩短时间，保证与会者精力集中。
7. 充分运用现代化的技术手段。电话、录音、录像、网络等设备和技术有助于提高信息传递的效率和质量，能节约时间、缩短会期、提高会议效率。
8. 提高会议主持人和与会者的开会水平。
9. 制定切实可行的制度和措施监督会议决议的执行过程，避免只开会而不管效果的倾向，保证会议的有效性。

第二节　会前准备

一次会议成功与否，会前准备工作是十分重要的。认真负责地做好会议的准备工作，是开好会议的基本保证。会议的前期准备工作一般包括以下内容。

一、确定会议名称

任何会议都应当事先确定会议名称。会议名称应当根据会议的议题或主题确定，要体现和强调会议的内容、性质、范围和任务等，同时还要便于拟订通知、布置会场、对会议进行记录和宣传报道等。

会议名称一般包含会议主办机构名称、会议主题、会议内容、会议类型、会议时间或范围等。常用的会议命名方法见表 4–1。

表 4–1　　会议命名方法

命名方法	示例
单位名称 + 会议内容	×× 公司第二次职工代表大会
单位名称 + 年度 + 会议内容	×× 公司 2011 年度优秀员工表彰大会
年度 + 会议内容 + 会议类型	2011 年度 ×× 公司服务项目定价听证会

二、确定会议议题、议程和日程

1. 确定会议议题

会议议题是开会的前提，是会议所要讨论、报告的主要内容。会议开始之前要明确会议的议题，并且要将议题及时地通知与会者，让与会者获知会议情况，便于参加会议和筹备会议的人员做好相应的准备工作。

会议议题主要有三个来源：一是上级机关和领导者根据需要制定的议题，二是下级部门提交的需要以会议的形式研究和决定的问题，三是秘书向有关部门收集的本单位管理活动中需要研究和决定的事项。

2. 确定会议议程

会议议程是对会议所要通过的文件、所要解决的问题的概略安排，并冠以序号将其清晰地表达出来，会前发给与会者。

会议议程的主要内容有以下几点：

（1）标题

标题由会议名称加上“议程”二字组成，如“北京 ×× 公司客户联谊会议程”。

（2）题注

法定性会议应当在标题下方加题注，说明该议程通过的日期、会议名称，题注的内容要用括号，如“(2011 年 3 月 26 日第一届教职工代表大会第三次预备会议通过）”。一般性会议则用括号注明会议的起止日期作为题注，如“（2011年3月26日至29日）”。

（3）正文

正文应简明扼要地说明会议的每项议题和活动的顺序，并冠以序号，每项议题末一般不用标点。

例文：

北京××公司客户联谊会议程

（××××年×月×日至×日）

一、总经理宣布联谊会开始

二、领导讲话

三、座谈讨论

四、来宾代表发言

五、表彰优秀客户

六、总经理宣布联谊会结束

北京××公司客户联谊会秘书处

××××年7月7日

议程安排的顺序

根据会议的性质和议题的具体情况，一般商务会议议程顺序的安排可以采用以下两种方法：

1. 先主后次。这是会议最常见的议程安排顺序。重要的议题排在前面，次要的议题排在后面。这种方法的好处在于确保与会者讨论主要议题时精力充沛、头脑清醒，同时，讨论主要议题的时间也会比较充足。

2. 先次后主。如果会议次要议题数量比较少，而主要议题可能要花较多时间讨论时，可采用此方法，即先讨论次要议题，再集中精力讨论主要议题。

3. 确定会议日程

会议日程是指会议议程在时间上的具体安排，它不仅细化围绕会议主题的全部活动，还包括会议过程中的其他辅助活动，如聚餐、娱乐、参观、考察等。会议日程的安排要贯彻精简、高效、科学、合理的原则，要做到张弛有度、劳逸结合，符合人体的生理、心理规律，以提高会议的质量。

会议日程表多采用表格形式（见表 4–2），一般将会议议程分为上午、下午及晚上三个部分，以便与会者对整个会议期间的安排一目了然，并按规定时间参加会议活动。会议日程表必须包括时间、内容和地点三大要素，有的还要写明活动的主持人或负责人等。

表 4–2　　会议日程表

日期	时间		内容安排	地点	参加人	负责人	备注
	上午						
	下午						
	晚上						

三、确定会议时间和地点

1. 确定会议时间

确定会议时间应考虑以下方面：一是工作需要，如每周一次的工作例会通常放在周五的下午，这样能够在本周与下周工作之间起到承前启后的作用；二是与会人员情况，即每位与会人员都有时间参加；三是优先考虑，先要考虑主要领导、主管领导和主持人有无时间；四是会议所需时间的长短应在合理区间，会议连续召开的最佳时间在 3 个小时之内，超过这一限度，会议效果会受到影响。

此外，安排会议时间还要考虑人的生理规律，一般上午 9：00—11：00、下午 2：30—4：30 人的精力最为旺盛，此时段召开会议效率较高。

2. 确定会议地点

会议地点又称会址、会场，既指会议的举办地，又指会议召开的具体会场。为了使会议取得预期效果，选择会场时应考虑多种因素，如场地大小、租赁费用、设备配备、停车场地、交通状况等。

四、确定会议人员

1. 与会人员

一般会议主办方应根据会议的内容、主题和所要达到的目的，在召开之前的筹备期间认真考虑并确定与会人员具体人选，并在会前向其发出通知。为了做好这项工作，秘书平时应掌握本单位或本系统人员的基本情况，在确定会议规模和人数之后，进一步分配会议人数指标。

2. 会议主持人

会议主持人负责使会议按照法定程序或原定的会议程序顺利召开，包括宣布开会、掌握会议进程和时间、安排发言顺序、主持会议选举和表决、宣布表决结果、宣布散会等。

3. 会议辅助人员

会议辅助人员是为了保障会议顺利召开而设置的工作人员，包括秘书和其他服务人员，主要职责是负责会议的文字工作和其他事务性工作，其工作质量的优劣直接影响会议效果。根据工作分工不同，一般性的会议主要设有宣传组、秘书组、文件组、接待组、后勤组、安全保卫组和联络组等。

五、拟写并发送会议通知

1. 会议通知的类型

会议通知可分为书面通知和口头通知两种形式。书面通知庄重严肃，参加人数较多或比较重要的会议应用书面通知的形式；口头通知则常用于单位内部小型的事务性或例行性会议。

2. 会议通知的格式

会议的内容、时间、地点以及与会人员一经确定，就要制发会议通知，以便与会单位和人员提前做好准备。制发书面会议通知的第一步是拟订通知内容，这是在会议准备工作中对秘书人员的一项基本要求。

会议通知一般包括以下几个部分：

（1）标题

会议通知的标题有两种写法：第一种是“主办机关名称＋会议名称＋通知”，这种写法一般用于重要的会议，如“中共 ×× 市委办公厅关于召开 ×× 会议的通知”；第二种是只写“会议通知”或“通知”，这种写法一般用于事务性或例行性会议。

（2）通知对象

通知对象是单位的，写单位名称时可以写具体名称，如“××公司”，也可以写统称，如“各直属院校”；通知对象如果是个人，一般直接写与会者姓名。应当注意的是，通知对象有时未必是参加会议的对象。

（3）正文

会议通知的正文一般包括以下内容：

1）会议的目的、名称和主题。有时可以列出会议的具体议题或讨论的提纲，报告会的会议通知应当写明报告人姓名、身份和报告内容。

2）会议时间。包括开始时间、报告时间、结束时间。

3）会议地点。应具体写明会场所在的地名、路名、楼号、房间号码、会场名称，必要时画出交通简图，标明地理方位及抵达的交通方式。

4）参加对象。如果通知对象是单位，应当在正文中说明参加会议人员的具体职务、级别以及参加会议的方式（出席、列席等）。有的会议为了达到一定的规模，会议通知中还规定每个单位参加会议的人数。

5）其他事项。如参加会议的费用、报名的方式和截止日期，有关论文撰写和提交的要求，入场凭证（“凭入场券入场”“凭本通知入场”）、联络信息（主办单位的地址、邮编、银行账号、电话和传真号码、网址、联系人姓名）等。

（4）落款与日期

写明主办单位的全称，并注明发出会议通知的日期。

会议通知还需要附上回执或报名表，一般制成表格，请出席对象填写姓名、性别、年龄、职务、职称、是否预订回程票等具体项目后寄回或以适当方式发回，以便主办单位统计参加会议的人数和做好会议的接待安排。

会议通知示例如下：

××公司关于召开2018年度客户联谊会
暨2019年产品订货会的通知

尊敬的客户：

为了进一步加强合作关系，听取客户对我公司产品和售后服务的意见和建议，做好2019年产品的订货工作，我公司定于2018年12月12—15日在南京××宾馆召开2018年度客户联谊会。现将有关事项通知如下：

一、会议议题

1. ××公司2018年生产、销售情况通报。

2. 2019 年产品订货说明。

二、与会人员

× × 公司各地区代理商、客户代表、合作单位负责人等。

三、会议时间

2018 年 12 月 12—15 日。12 月 12 日在南京 × × 宾馆大堂报到。

四、会议地点

南京 × × 宾馆二楼圆形会议厅。

五、其他事项

1. 大会将为与会人员免费提供食宿。

2. 与会人员请按要求填写本通知所附的会议报名表（见附件），于 2018 年 11 月 20 日前寄回（或以适当方式发回）会务组。需接站、接机及购买回程票的人员，务请在会议报名表中注明。

3. 会务组联系方式

联系人：张秘书

联系电话：025-× × × × × × × ×（同传真）

电子邮箱：zhangli @ × × ×.com

通信地址：南京市 × × 路 × × 号 × × 公司总经理办公室

邮编：× × × × × ×

附件：× × 公司 2018 年度客户联谊会会议回执

× × 公司（盖章）

2018 年 10 月 19 日

附件

× × 公司 2018 年度客户联谊会会议回执

<table>
<tr><td>单位</td><td colspan="4"></td></tr>
<tr><td>姓名</td><td>性别</td><td colspan="2">职务</td><td>联系电话</td></tr>
<tr><td></td><td></td><td colspan="2"></td><td></td></tr>
<tr><td></td><td></td><td colspan="2"></td><td></td></tr>
<tr><td>到达信息</td><td colspan="4">到达车次（航班号）：
到达时间：　月　日　时　分</td></tr>
<tr><td>返程票预订</td><td>车次（航班）</td><td>日期</td><td>到站</td><td>数量</td></tr>
<tr><td>飞机票</td><td></td><td>月　日　时　分</td><td></td><td></td></tr>
<tr><td>火车票</td><td></td><td>月　日　时　分</td><td></td><td></td></tr>
</table>

案例思考

某公司准备召开产品推广宣传会，特让秘书王海制作并发送了会议通知。通知内容如下：

会议通知

尊敬的客户 / ×× 公司：

为了进一步加强与贵公司的合作关系，听取客户对我公司产品和售后服务的意见和建议，以及为了做好2019年产品的订货工作，我公司定于2018年12月13—14日在和家宾馆召开产品推广宣传会，请您 / 贵公司派员参加。

会议联系人：王海

电话：××××××××

××公司（盖章）

2018年10月19日

会议通知发出后，在会议报到时出现了一些问题：有些客户误以为12月13日报到，因此13日晚甚至14日早上才来报到；而且到会人数超过了预计人数，结果和家宾馆无法提供更多的房间，只好临时将一些与会者安排到其他宾馆，这引起了一些与会者的不满。

思考：

1. 这份会议通知存在哪些不足之处，从而导致会议报到时出现了问题？
2. 制作会议通知时要注意哪些问题？

3. 会议通知的发送

会议通知拟写完后应及时发出，以便与会者做好充分的准备。要恰当把握会议通知的发送时间，如果发送过早，容易被人忘记；如果发送过晚，与会人员准备不足，将会影响会议效果。因此，会议通知的发送时间以让与会者接到通知后能够从容做好赴会准备，并能准时到达会议场所为宜。如果会议通知需要答复，则应该早些发送出去，以便对方考虑后回复。如果以邮寄方式发送会议通知，信封上最好注明“会议通知”字样及建议送达日期，以免延误。重要会议的会议通知发出以后，还要及时用电话或其他适宜方式与对方联系，询问对方是否收到和是否赴会。

六、编制会议经费预算

应根据会议的日程安排和会议规模编制会议预算。会议的各个环节都需要经费，常用的费用预算项目主要包括以下内容：

1. 文件资料费。主要指印制文件、证件等方面的支出。

2. 办公费用。主要指会议日常办公支出。

3. 设备和用品费。主要指购置会议设备和物品的支出。

4. 场地租赁费。主要指租赁会场的支出。

5. 通信费。主要指为了发送会议通知、会议信息而使用电话、传真等通信工具所产生的费用。如果采用电视、电话、网络等远程会议设备或技术，则有关费用也应当计算在内。

6. 宣传费。主要指为了进行宣传工作所产生的费用，如现场录像的费用。

7. 住宿补贴费。如果会议主办方部分或完全承担与会人员的住宿费用，那么在编制费用预算时应当注明这笔支出。

8. 伙食补贴费。主办方所承担的会议用餐费用。

9. 交通费。如果主办方承担与会人员往来的交通费用，应当注明。此外，会议使用的车辆产生的费用也应当计入。

10. 其他费用。除了以上列出的项目之外，会议过程中还会产生一些难以提前预测的费用支出，也应当在编制预算时留有适当余地。

除了这些费用支出项目外，不同类型的会议还可能有其他支出项目，如服装费、劳务费等，这些项目也应当给予必要考虑。

编制会议预算一方面要本着勤俭奉公、节约开支的办会原则，尽量减少会议的开支；另一方面也要有适当的弹性，资金方面留有一定的余地，应付会议过程中突发而又必须支出的费用。

七、准备会议文件和用品

1. 准备会议文件

会议文件是各单位专门为会议所形成的文件，是正式文件的基础和草稿。会议文件包括会议正式文件、会议参考文件、会议阅读文件等。会前能否准备好文件，特别是准备好会议的主要文件，对能否开好会议有着至关重要的影响。大中型会议一般事先成立文件起草小组专门负责文件起草工作，日常会议的文件则主要由各职能部门起草。

（1）会议文件的类型

会议文件的类型主要包括以下几种：

1）主旨性文件。主旨性文件是指会议的主要文件，包括开幕词、闭幕词、大会报告、讲话稿、代表发言材料、专题报告材料等。

2）程序性文件。程序性文件是为规范会议成员的行为、保障会议活动有序进行而形成的文件信息，包括会议议程与日程安排表、议事规则、选举程序及表决程序安排表等。

3）信息性文件。信息性文件是记录和反映会议概况和进程的文书，包括会议通知、会议简报等。

4）管理性文件。管理性文件是对会议活动实行有效管理的文件信息，包括会议细则、代表须知、保密规定等。

（2）会议文件的准备程序

会议文件一般先由领导根据会议内容、会议要求确定要点，授意给秘书；秘书按照领导授意，收集资料，写成初稿，呈送领导审阅；领导审阅后提出修改意见，秘书修改后由领导最后审定；秘书最后将领导审定的文稿打印、装订成会议正式文件。

（3）会议文件的审核

为了确保会议文件的质量，提高会议效率，秘书部门应于会前对有关部门报送的会议文件进行初步审核，然后向领导提出所报送的文件能否提交会议讨论的意见。如果认为文件尚未成熟，应经主管领导同意后，退回有关部门进一步加工、修改。

准备会议文件时，不能完全按照参会人数确定打印数量，因为有时会出现与会人员丢失资料或会议临时增加列席人员等情况，一般要留有一定的余量，以备不时之需。

案例思考

飞燕汽车股份有限公司董事会召开会议讨论从国外引进汽车生产线的问题。秘书钟玲负责为与会董事准备会议所需文件资料。因有多家单位参加竞标，所以材料很多。由于时间仓促，钟玲就为每位董事准备了一个文件夹，将所有材料放入文件夹。有三位董事在会前回复说因有事不能参加会议，于是钟玲就未准备他们的资料，不料，正式开会时其中的两位又赶了回来。结果会上有的董事因没有资料可看而无法发表意见，有的董事面对一大摞资料不知如何找到想看的资料，严重影响了会议的进度。

思考：

1. 此次会议文件资料的准备工作存在哪些问题？

2. 会议文件资料的准备流程是什么？

2. 准备会议用品

会议所使用的物品和设备见表 4–3。

表 4–3　会议所使用的物品和设备

类型	主要物品和设备
会议必备用品和设施设备	桌椅、茶具、水、扩音设备、照明设备、空调设备、通风机、安全通道标志、消防设施等
会议特殊用品和设备	鲜花、绿色植物、会标、条幅、充气拱形门、充气气球、投票箱、计数设备、签到簿或电子签到机、指示牌、礼品、打印机、复印机等
视听器材	计算机、幕布、电视机、录音设备、摄像设备等
通信设备和设施	电话机、传真机及相应的通信网络设施等
文具、文件类用品	笔、墨水、专用信封、信纸、文件袋、便笺纸、图钉、曲别针、裁纸刀、剪刀、胶带（宽、窄均备）、双面胶、胶水、计算器、代表证、座位名签、胸卡、奖品（奖状、荣誉证书）、宣传品、海报、会议通知、宣传册、报名表、餐券等

八、确定会议场所

1. 会场的选择

秘书选择会场时，应当考虑会议的规模、内容、规格和类型等因素，具体要考虑以下几个方面：

（1）会场大小要适中

会场的大小必须根据与会人员的数量来确定，会场过大或过小都会影响会议的气氛和效果。秘书要考虑好每场会议需要安排多少人、有多少场会议要同时进行、需要多少间会议室等问题。一般而言，会场至少应该为与会人员提供能做记录的充足的桌位，同时还要考虑与会人员是否需要进行交流，如果需要，则应提供相应的空间。

（2）会场交通要方便

选择会场还要充分考虑会议主办单位和与会者是否便于前往，太远或交通不便都会对会议的召开带来诸多不便。选择交通便利的会场，有利于提高会议的效率，减少会务人员的工作量，节省人力、物力和财力。

（3）会场环境要适宜

会场的环境包括气候、空气质量、噪声、绿化等因素。在条件允许的情况下，应当尽量选择气候适宜、空气清新、幽静安谧的会场，尽可能地为与会人员提供一个良好的环境，以便与会人员更好地集中精力，确保会议取得满意的效果。

（4）会场设施要齐备

会场内设施主要是指召开会议所需要的一般设施，如照明设备、音响设备、通信设备、放映设备、计算机、打印设备、空调设备、桌椅用具、卫生设施以及必要的安全设备等。举办高规格会议还应考虑是否有足够的停车场、是否有足够的电梯、是否有足够的房间供工作人员使用、是否有备用电子设备等。选择会场还必须考虑有无防火、防盗等安全设施。

（5）会场规格要适当

会场规格主要体现在会场的装潢水平、设施档次和服务条件等方面，这对会议的开支有着直接的影响。要切实从会议实际需要出发确定会场的规格，不主张片面追求会场的规格，切忌小题大做，避免铺张浪费。

（6）会场周围要有配套的餐饮和娱乐设施

选择会场时还必须考虑与会人员的餐饮、娱乐等事项，会场周围最好能有足够容纳与会人员餐饮、娱乐的场所。

2. 会场布局

会场的布局要根据会议的性质、规模和实际需要来定。不同的会场布局体现不同的气氛、意义和效果，适用于不同的会议目的。一般来说，会场布局大体有以下几种：

（1）教室式（见图 4–1）

教室式会场布局即仿照一般教室的布局，这种布局可以针对不同的房间面积和与会者人数而具体安排，形式较为灵活，可以最大限度地利用会场面积，有利于与会人员注意力的集中。

图 4–1　教室式会场布局

（2）礼堂式（见图 4-2）

礼堂式会场布局一般用于较大的会场，面向主席台的代表席摆放一排排的桌椅，中间留有两条以上位置较宽的通道。这种布局场面开阔，适合召开大中型的报告会、总结表彰大会和代表大会等。这种会场一般专用于会议，座位固定，因而无法作适当的调整。

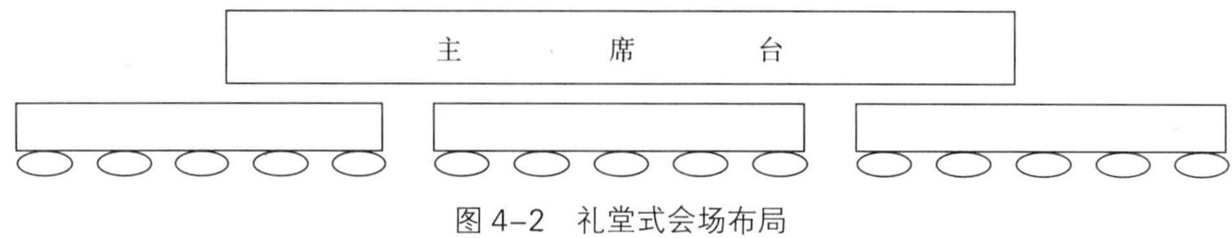

图 4-2　礼堂式会场布局

（3）全围式（见图 4-3）

全围式会场布局的主要特征是不设专门的主席台，参加会议的领导和主持人同其他与会者围坐在一起，优点是容易形成融洽与合作的气氛，体现平等和相互尊重的精神，有助于与会者相互熟悉和不拘形式地发言，充分交流信息、沟通情况、探讨问题，同时也便于会议主持人及时准确地把握与会者的心理状态和思想动态，从而保证会议的成功。全围式布局适用于召开小型和特小型会议以及座谈性、协商性会议。

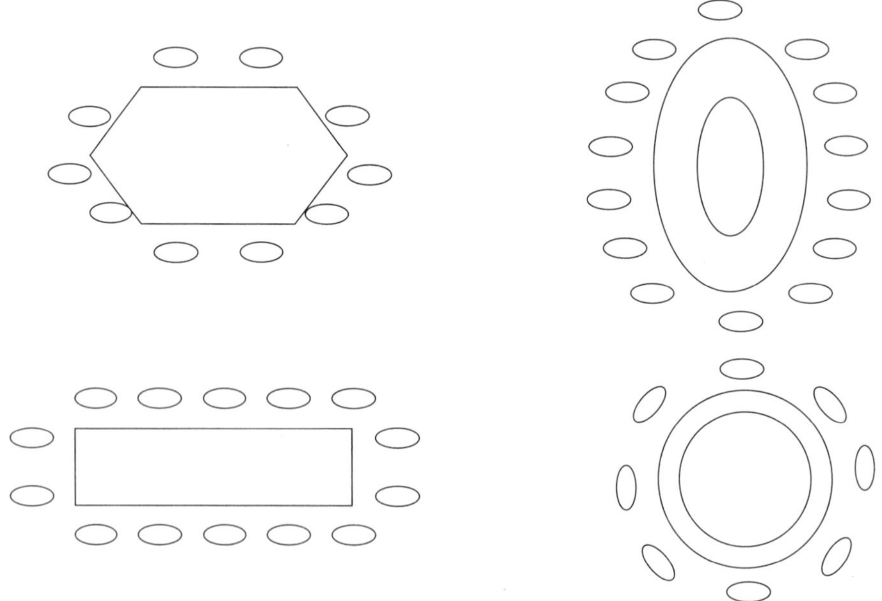

图 4-3　全围式会场布局

（4）半围式（见图 4–4）

半围式会场布局介于教室式和全围式之间，即在主席台的对面和两侧安排代表席，形成半围的形状，既突出了主席台的地位，又增加了融洽的气氛，一般适用于中小型的工作会议。半围式布局又可分为马蹄形、T 字形和桥形三种，其中桥形比较特殊，桥面是主席台或评委席，被半围的席位是质询、述职、考评、听证、面试对象的座位，入座对象所受心理压力较大。

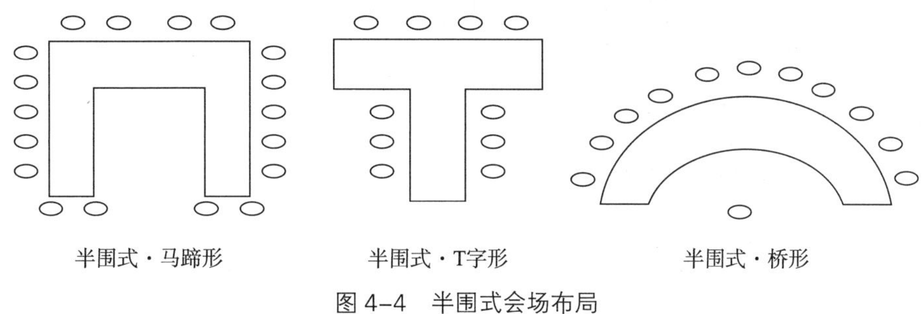

图 4–4　半围式会场布局

（5）分散式（见图 4–5）

分散式会场布局是将会场分成若干个中心，每个中心设一桌席，与会者根据一定的规则安排就座，其中领导和会议主持人就座的桌席称作“主桌”。在会场前侧，往往安置落地的麦克风，以便会议主持人和领导讲话。这种会场布局既在一定程度上突出主桌的地位和作用，同时也给与会者提供了多个谈话、交流的场合，使会议气氛更为轻松和谐，适合召开较大规模的联欢会、茶话会和团拜会等。当然，这种会场布局对会议主持人的组织和控制能力有较高的要求。

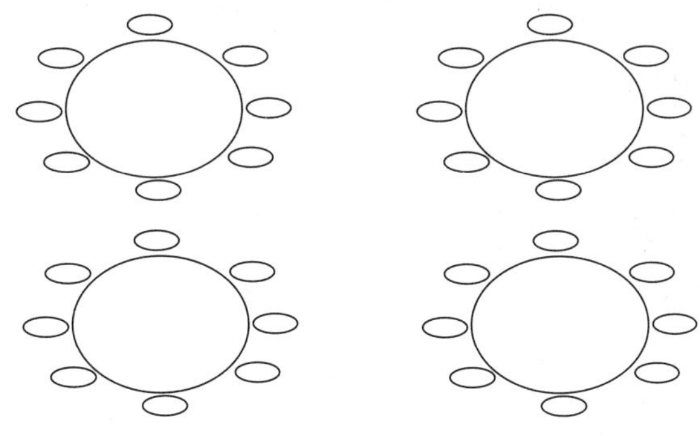

图 4–5　分散式会场布局

3. 会场布置

会场布置是会前准备的一项重要内容，要考虑会议性质、人数规模、会议类型和议程等因素。

（1）会场环境布置

会场环境布置的基本要求是庄重、美观、舒适，体现出会议的主题和气氛，同时还要考虑会议的性质、规格、规模等因素。会场的环境布置包括整个会场色调的选择、会场的装饰、会场内座位的布置等。

（2）主席台布置

主席台是会场的中心，是众人瞩目的焦点，因此是整个会场布置工作的重点，必须慎重处理，不可有丝毫差错。主席台的布置应同整个会场的布置相协调，一般要考虑以下几个方面：

1）会标。一般用红色横幅，使用艺术字写出会议名称。

2）会徽。体现或象征会议精神的图案性标志。可用组织的徽章作为会徽，如国徽、党徽等，也可采用专为会议设计的标志。

3）讲台。重要的代表大会和报告会，一般应设专门的讲台。讲台一般设在中央或主席台的右侧（以主席台的朝向为准）。讲台设在中央的，其位置应低于主席台，以免报告人挡住主席台上就座者的视线。

4. 安排座次

为了保证会议活动能够有条不紊地进行，必须按照一定的惯例科学地安排与会者的座位，以便与会者对号入座。安排座次包括安排主席台座次和安排代表席座次。

（1）主席台座次

主席台座次安排实际上就是参加会议领导的次序安排，这既是一项技术性工作，也是一个严肃的政治问题，秘书人员必须极其认真地对待。做好这项工作，首先要请领导确定主席台上就座人员的准确名单，然后严格按名单安排座次。国内会议主席台座次安排的通常做法是：身份最高的领导（有时是声望最高的来宾）就座于主席台前排中央；领导人数为单数时，主要领导居中，2 号领导在 1 号领导左侧位置，3 号领导在 1 号领导右侧位置（见图 4–6）；领导人数为双数时，1 号、2 号领导同时居中，2 号领导依然在 1 号领导左侧位置，3 号领导依然在 1 号领导右侧位置（见图 4–7）。

图 4–6　领导人数为单数时主席台座次安排

5号领导	3号领导	1号领导	2号领导	4号领导	6号领导
主席台					

图 4-7　领导人数为双数时主席台座次安排

（2）代表席座次

有些会议不需要排列会场内其他人员座次，但有的会议需要或必须排列，如代表会议或中型以上比较严肃的工作会议、报告会议等。排列座次有多种方法，可以根据需要选择其中的一种方法。

1）横向排列法。这种排列方法的要领是，按照参加会议单位的名称或人员的姓氏笔画为序，从左至右横向依次排列座次。选择这种方法时应注意先排出会议的正式代表或成员，后排出列席代表或成员。

2）竖向排列法。这种排列方法的要领是，按照各参加会议单位的既定次序或与会人员的姓氏笔画从前至后纵向依次排列座次。选择这种方法也应注意将正式代表、正式成员或职务高者排在前，将列席代表、列席成员或职务低者排在后。

3）左右排列法。这种排列方法的要领是，按照参加会议人员的姓氏笔画或单位名称笔画为序，以会场主席台中心为基点，向左右两边交错扩展排列座次。选择这种方法时应注意人数，如果一个代表团或一个单位的成员人数为单数，排在第一位的成员应居中；如果一个代表团或一个单位的成员人数是双数，那么排在第一、第二位的成员应居中，以保持两边人数的均衡。

九、会前检查

会前检查可以采用两种形式进行：一是领导听取大会筹备组汇报，二是现场检查。为了确保万无一失，会前检查一般应当对现场进行实地考察。秘书人员要密切配合领导的检查工作，检查的重点有会议文件材料的准备、会场布置和安全保卫工作等。大中型会议、重要会议的会前检查还包括警卫部署、票证检验、交通指挥及主席台服务人员的就位等。

会前检查的主要内容有：检查音响设备、投影设备，确保各设备正常工作；检查照明设备，确保照明效果良好；检查材料分发是否到位，以便及时查漏补缺；检查桌椅、台布、鲜花、标语在会场内的布置是否合理；检查餐饮、住宿安排是否妥当，提前确认不同民族、不同宗教信仰与会者的风俗禁忌；检查通风设施、空调设施，确认温度、湿度是否适中，做好会场环境准备。

第三节　会中服务

如果说会前准备是基础的话，那么会中服务就是会议能否成功举办的关键所在。虽然会前一系列的准备工作都已经就绪，但如果秘书在会中服务得不好或者做得不到位，也同样会影响会议的预期效果。

会中服务工作主要涉及为确保整个会议顺利进行所采取的控制与协调的一切工作程序。

一、会议接站工作

会议接站是会议报到工作的第一步。一般而言，只有跨地区的会议才涉及接站工作。

1. 组成接待小组并完善接站信息

对于参会人员比较多的会议，为了保证接站不出现错漏的情况，要专门成立相应的接站小组，由专人负责，形成统一的指挥调度系统，并安排好信息、车辆、人员分工等工作。

（1）完善接站信息

在完善接站信息的工作上，要根据与会代表的回执，查找相应飞机、火车、汽车、轮船抵达的准确时间，将其编制成一目了然的表格，并掌握与会代表的联系方式，拟订会议代表接站安排表，注明代表姓名、单位、职务、联系方式、车次/航班号、抵达（出发）时间、随行人数、接站司机和车牌号、接站工作人员、接站领导、接站出发地点和时间等。

（2）确保车辆安排

在车辆安排上，要根据单位车辆的实际情况（或外租车辆的情况）以及参会代表的抵达时间，合理进行分配。

（3）完善人员分工

在人员安排上，要根据会议筹备小组的分工，并结合与会者到达的方式，进行必要的调整和安排，合理进行分配。

（4）提供详细路线图

对于不需要接站、自行参会的本地以及外地与会人员，要事先制作详细的报到路线图，通过邮件、传真或电话等形式告知。

2. 接站工具

准备好车辆、会议代表接站安排表、手提式扩音器、工作证、胸卡、醒目的接站条幅和接站牌等接站标志、物品，还要有一张应急电话号码表，应包括主要航空公司、出租车公司和会议有关方面的电话号码。

接站牌有两种最基本的形式，一种是为团体和一般代表准备的接站横幅，一种是为重要代表单独准备的接站牌（见图 4-8 和图 4-9）。

图 4-8　接站横幅

图 4-9　接站牌

准备车辆时，要根据参会人员的身份、职务、级别的高低，在坚持平等原则的前提下，适度区别。

3. 接站工作注意事项

接站时，要注意把握以下几个方面：

（1）对远道而来的客人，应主动到机场、车站、码头迎接。接站人员一般要在飞机、火车、轮船到达前 15 分钟赶到，避免让客人因为等待而产生不快。接站人员应在出口处比较醒目的地方高举接站牌等待客人到来，方便客人一出站就能看到接站人员。

（2）接站人员衣着打扮要整齐、大方，体现出单位的形象与个人的风采，不可过于随意。

（3）接站人员接到与会人员后，首先要核实与会人员身份，以免错接。在确认与会人员身份无误后，指引或者带领与会人员在休息地点先休息，也可指引或带领与会人员上车。

（4）接站人员与到站的与会人员简单寒暄后，应主动帮与会人员把行李放置在车内，在车辆返途中，可以选择合适的话题与与会人员交流。

案例思考

某公司下个星期将派王副总经理和部门主管到红星公司参加业务洽谈会议，红星公司总经理办公室主任派范秘书到机场迎接来宾，并告诉了她接站的时间、地点以及所要迎接的人员。范秘书按照接站的时间提前到达机场，在机场出口处手举一块不太醒目的小标志牌。她等候多时才见到王副总经理等人，因为与王副总经理不熟，范秘书不知道说什么，因此显得不够热情。而王副总经理见只有范秘书一人接站，又没什么解释和交代，感觉很受冷遇，因此有点不高兴，一路上一言不发。

思考：

你认为范秘书在接站工作中有哪些地方做得不足？应如何改进？

二、组织会议报到与签到

1. 组织会议报到

会议报到一般是指召开会期较长、会议内容丰富且需要集中住宿的大中型会议时，与会代表从工作单位或住宿地到达开会地点时所办理的登记注册手续。做好会议报到工作要注意以下几点：

（1）查验证件

查验证件的目的是确定与会人员的参会资格。需要查验的证件有会议代表证、会议通知、身份证等。

（2）登记信息

会务组应提前制作好与会人员基本信息登记表，主要用于登记与会者的姓名、性别、年龄、单位、职务、职称、联系地址、联系电话、电子邮箱等相关信息。

（3）接收材料

秘书应统一接收与会人员随身携带的需要在会上分发的材料，审查后再统一分发，以保证会议秩序。

（4）预收费用

会务组应安排专人收取会务费、食宿费、资料费、培训费等，以便会议期间的工作和活动的展开。

（5）发放材料

会务组事先应将会议文件、宣传资料、住宿地点周边情况介绍、当地地图等能提前分发的资料用规范文件袋装好，并在报名时分发给与会人员。

（6）安排住宿

会务组应依据与会人员的身份和要求安排住宿，并协调好各方面的关系，尽可能做到合理安排。

2. 组织会议签到

秘书到宾馆或会场入口处迎接并组织与会人员签到和登记，是会议期间的一项重要工作，其目的是及时了解到会人数。会议签到对于各类选举性、法定性会议尤为重要，它关系到参会人数是否达到法定人数，选举、表决结果是否有效等，所以必须坚持签到制度，认真负责地做好签到工作。会议签到一般有以下四种方式。

（1）秘书代签

人数较少的小型会议或例会，一般采取秘书点名或在会议名单上签到的方式，这样可以随时掌握到会人员的情况，且不必打扰与会者。如果采取这种签到办法，秘书必须认识全部或绝大多数与会人员。

（2）簿式签到

富有纪念意义的会议或一般会议的贵宾可采用簿式签到方法，与会人员到会时在秘书准备好的签到簿上签名，一般应注明姓名、单位、职务和联系方式等，见表4–4。

表4–4 会议签到簿

序号	姓名	职务或职称	单位	联系电话	电子邮箱	备注

（3）签到卡签到

重要会议或大型会议可以采用签到卡签到的办法，与会人员要在胸卡及其存根上签上自己的名字才能进入会场。签到工作结束之后，秘书应及时将与会人员到会情况报告给会议主持人，发现未到会的要及时催请。

（4）电子签到

电子签到一般依托会议电子签到系统。所有与会人员的编号、姓名、单位、职务、近照等信息被事先录入系统和制成电子卡片，与会人员在开会时只需要刷卡入场，系统就可以自动统计与会人员的基本情况并及时在会场前方的显示屏上显示。

三、做好会场服务

对于秘书来说，应当按照有关规定，全面做好各种会议、各个会场、各种与会人员的各项会场服务工作。会场服务包括的内容很多，主要事项如下：

1. 引导就座

签到后，秘书要适当引导与会人员就座，以维持会场秩序，使会议按时召开。

2. 分发会议材料

会议材料可以在会议准备阶段装入材料袋，在与会人员报到时领取，也可在与会人员进入会场时发放或放在座位上。如果会议材料需要回收，可在材料封面上写明收件人姓名。回收时要登记，以免遗漏。

3. 维持会场秩序

要防止无关人员混入会场，如果在会议进行中出现突发事件或发生意外情况而引起混乱，秘书要及时采取有效措施，出面制止和调停，并第一时间报告给领导和有关部门，抓紧处理，避免事态扩大产生严重后果。

4. 内外联系，传递信息

秘书还要承担联络员的工作，负责会内和会外的联络工作，如传递文件资料、转达紧急情况、接转电话等。

5. 提供会议饮水服务

会议提供的饮水服务主要有三种类型。

（1）提供瓶装水

为每位与会人员发放瓶装饮用水。可以在与会人员入场时发放，也可以在布置会场时提前摆放在桌面上。这种方式的优点是比较方便，缺点是无法提供热水，不适合在冬季使用。

（2）设置饮水点

在会场内摆放若干饮水机或开水桶并提供水杯，由与会人员根据需要自行取水。这种方式的优点是能够提供热水，满足了部分与会人员饮茶等特殊需求，缺点是人员在场内走动会干扰会场秩序。

（3）为与会人员续添热水

服务人员使用暖水瓶在场内流动为与会人员续水。这种方式的优点是能为与会人员提供周到的服务，使其获得宾至如归的良好体验，缺点是需要的服务人员数量较多，人工成本较高。

6. 会议集体合影

集体合影是大中型会议组织工作的内容之一。在正式的交往中，宾主双方通常要合影留念，尤其在涉外交往中，合影更是常见。在集体合影时宾主的排位主要有以下两种情况：

（1）国内合影的排位

国内合影时的排位一般讲究居前为上、居中为上和居左为上（有时也采用国际惯例以右为上）。通常，合影时主方人员居右，客方人员居左，如图 4-10 所示。

（2）涉外合影的排位

涉外合影时应遵守国际惯例，即主人居中，主宾居右，双方人员分主左宾右依次排开，如图 4-11 所示。

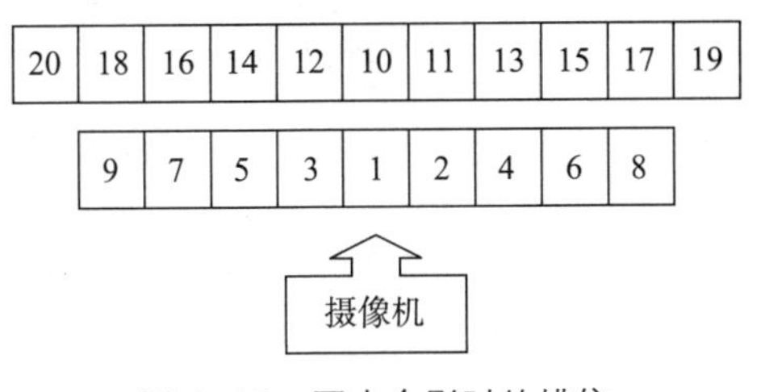

图 4-10　国内合影时的排位

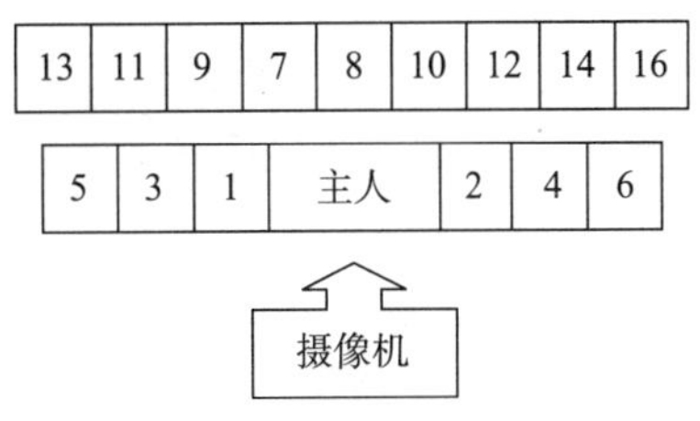

图 4-11　涉外合影时的排位

7. 处理特殊情况

会议进行过程中，随时可能出现一些临时变动的情况，如日程、议程、议题、地点、人员的变动等，这就要求会务工作人员能够随机应变，采取应急措施，灵活调度，妥善处理。

此外，根据会议的性质，还要做好代表大会的选举投票、计票工作，表彰大会的奖品准备、领奖顺序排列和组织工作，室外集会的现场组织工作等。

四、做好会议记录，编制会议简报

1. 会议记录

进行会议记录常用的方法有详细记录和摘要记录两种。采取哪一种记录方式，要根据会议的性质和内容来定。不管用哪种记录方式，会议记录都应包括以下内容：会议名称、会议时间、会议地点、出席和列席人员、主持人的姓名、记录人的姓名、会议主要内容等，有些会议还要写清楚会议的起止时间（年、月、日）。

会议记录示例如下：

风光旅游有限责任公司 2018 年业务洽谈会会议记录

时间：2019 年 1 月 15 日

地点：莲花风景区一号会议室

出席人：省、市旅游主管部门领导，风光旅游有限责任公司主要领导与各部门经理，客户代表

主持人：李俊

记录人：王玲

一、主持人讲话：今天是我们公司一个值得纪念的日子，能够邀请到这么多领导和嘉宾齐聚一堂，参加我们公司 2018 年业务洽谈会，实在是我们公司的莫大荣耀。下面，请让我介绍在主席台就座的各位领导和来宾，他们是……（略）

二、宋董事长致欢迎词：尊敬的各位来宾，值此新春佳节到来之际，我谨代表公司董事会，向各位来宾的到来表示热烈的欢迎……

三、省旅游主管部门领导讲话：风光旅游公司是我省旅游行业的骨干企业，也是我省旅游方面的纳税大户，在维护旅游业信誉、宣传行业诚信方面都做出了很好的榜样，今后……（略）

四、李总经理讲话：我公司自 1998 年成立以来，一直以诚信为本，二十年来没有发生过一起严重的顾客投诉事件，具有良好的社会信誉，业务量稳居全省旅游企业前列。今天请各位新老客户齐聚一堂，主要是表达我公司业务拓展方面的意愿，并希望听到各位嘉宾对我公司发展提出的建议。下面请允许我代表公司全体同仁，向各位介绍一下刚刚过去的 2018 年的业务情况……（略）

五、客户代表发言

六、李总经理总结

七、散会（上午 12 时）

会议记录技巧

- 会议记录的重点是记录讨论的观点、决议和决定等。
- 即使要求详细记录，也不是有言必录，对于一些与会议主题无关的发言可以不记。
- 如果当时漏记了内容，可事先做出记号，然后对照录音修改。

2. 会议简报

会议简报一般由会议秘书处或主持单位编写，用来交流会议进展情况，记载与会领导的重要讲话或与会代表讨论研究的决策性问题。会议简报随会议开始而始，随会议结束而止，密切配合会议的内容，印发速度很快。会议简报的结构如下：

（1）报头

报头包括简报名称、期号、编印单位和印发日期。

1）简报名称。一般用套红印刷的大号字体。如有特殊内容而又不必另出一期简报时，就在名称或期数下面注明“增刊”或“××专刊”字样。秘密等级写在左上角，也有的写“内部文件”或“内部资料，注意保存”等字样。

2）期号。期号写在名称下一行，用括号括上。

3）编印单位和印发日期。两者在同一行，前者居左，后者居右。在编印单位与印发日期下面画一道横线，用来分隔报头与报核。

（2）报核

报核即简报所刊的一篇或几篇文章。简报的内容大多数是消息，包括按语、标题、导语、主体、结尾和穿插在叙述中的背景材料等内容。除了消息外，简报还有别的文体，所以不是每篇简报都有上述几项内容。

1）按语，即对整个会议情况的大概说明。

2）标题，要揭示主题，简短醒目。简报正文标题在报头横向之下居中书写，如有需要也可以使用副标题。使用两个标题时，主标题是虚题，用以概括全文的思想或内容要点，副标题是实题，用以交代具体事件，对主标题起补充说明的作用。

3）导语，通常用简明的一句话或一段话概括全文的主旨或主要内容，给阅读者一个总的印象。导语的写法多种多样，有提问式、结论式、描写式、叙述式等。导语一般要交代清楚人物（某人或某单位）、时间、事件、结果等内容。

4）主体，即用足够的、典型的、有说服力的材料把导语的内容加以具体化。主体写作时要注意合理地划分层次。一般来说，主体层次的划分常有两种：一是以时间先后为序，把材料按照事件由发生、发展到结局的过程逐层予以安排，这种写法多用于典型事件及一次性全面报道某一会议的简报，其优点是时序清楚、一目了然；二是按事物之间的逻辑关系，从材料的主从、因果、递进等关系入手安排层次，这种写法的优点是便于揭示、表现事物的内在本质，突出主要内容和思想意蕴。

5）结尾，或总结全文内容、点明文旨，或指明事情发展趋势，或提出希望及今后打算。是否要结尾，要根据简报内容表达的需要而定。如果简报内容较多、篇幅较长，阅读者不易把握，就应在结尾进行概括；如果简报内容单一、篇幅较短，且在主题部分已把内容讲完，就不必另写结尾。

6）背景，即对人物、事件起作用的环境条件和历史情况。背景可以穿插在各个部分。

（3）报尾

在简报最后一页下部，用一条横线与报核隔开，横线下左边写明发送范围，在平行的右侧写明印刷份数。

会议简报的格式如图 4-12 所示。

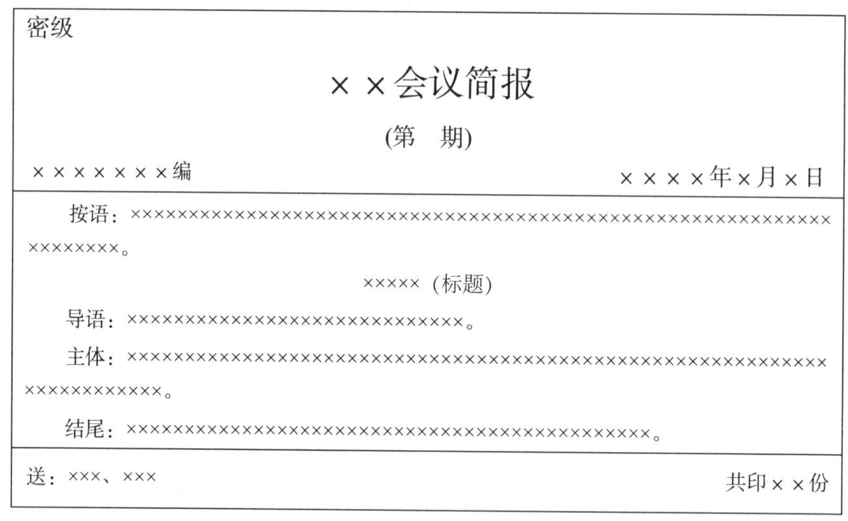

密级

××会议简报

（第　期）

×××××××编　　　　××××年×月×日

按语：××。

×××××（标题）

导语：××××××××××××××××××××××××××××××。

主体：××。

结尾：××。

送：×××、×××　　　　共印××份

图 4-12　会议简报的格式

知识链接

秘书人员在编发会议信息的过程中，要注意做到快、简、精、准，具体要求如下：

1. 快：手脑并用，用一两个小时应整理出一份当天简报，第二天一早印发。

2. 简：开门见山，干净、简练，不说废话，通常用“千字文”编发会议信息。

3. 精：围绕会议的中心议题，反映与会人员的意见、建议，突出重点，抓住典型，提炼概括。

4. 准：描述一定要真实、准确，必须是与会人员的原意，甚至是原话。

五、会议期间的值班和安全保卫工作

1. 会议期间的值班工作

会议期间的值班工作是重要的会中服务工作，会议值班人员的工作态度和工作能力对会议的效果都会产生直接的影响。

（1）值班工作的主要内容包括以下几个方面：电话、通知和传真的转达，来访接待，重要、紧急事项的报告，突发事件的处理，信息传递，安全保卫以及领导临时交办的事项。

（2）会议期间的值班工作要达到以下要求：坚守岗位，不得擅自离岗；善于随机应变，根据实际情况灵活选择处理方案；言行谨慎，不得有损单位形象；遇到特殊情况要及时向领导请示汇报，不可越俎代庖；工作期间要规范高效，不得推脱扯皮。

（3）编制会议值班安排表及各种记录表要达到以下要求：会议值班表要根据会议工作的需要注明值班人员、时间及联系方式等信息，格式见表 4–5。会议值班表还需要配合其他各种记录表使用，主要有值班日志、来访接待登记表、值班电话记录表、交接班记录表等。值班日志、值班电话记录表见表 4–6、表 4–7。

表 4–5　会议值班表

时间	值班人	所属部门	联系方式	负责人	联系方式

表 4–6　值班日志

时间		值班领导		值班人员	
值班情况	值班人签字：				
备注					

表 4-7　　值班电话记录表

来电时间	来电人员姓名	来电单位	来电内容	联系方式	处理结果	值班人签字

2. 会议期间的安全保卫工作

（1）防止与会议无关人员随便出入会场。

（2）关注会场内的设备运行情况，消除火灾隐患，防止意外事故的发生。

（3）保证会场内人员的安全与健康，发现与会人员身体不适或突发疾病，要及时请医生检查或送往附近医院治疗。

（4）做好会议的保密工作。

六、会议期间突发事件的处理工作

会议期间突发事件的处理工作也是会中服务的一项工作。发生突发事件时，会议工作人员办事是否果断、处理是否得当，将直接影响单位的整体形象，并对整个会场的秩序和会议的效果产生影响。所以，组织会议的秘书必须重视会中突发事件的处理工作。

1. 会议突发事件的类型及预防和应对措施

会议突发事件的类型及预防和应对措施见表 4-8。

表 4-8　　会议突发事件类型及预防和应对措施

突发事件类型	突发情况	预防和应对措施
人员问题	发言人、与会人员、关键代表缺席或无法按时到会，致使会议无法按时开始，或者造成参会人数不足	发言人不能按时到会可以考虑替代，甚至临时修改会议议程，也可临时额外给其他每位发言人若干时间进行问答互动，以弥补发言人的缺席
安全与健康问题	突发火灾、地震等灾害，安全通道和消防通道不畅通；与会人员患有严重的或传染性较强的疾病；由于天气等原因导致与会人员休克，突发心脏病、脑出血等危重病情；与会人员出现食物中毒等	要加强会前检查，必要时要组织应对火灾、地震等各种灾害的演习。要派专人负责把守安全通道，有条件的单位应充分利用会场的监控摄像系统，以便随时掌握会场的动态和是否有突发情况。此外，各种大中型会议应事先安排医护人员在会场外应急，同时还要加强会议的值班工作
行为问题	发言人行为不当或某些与会人员行为不当等	审核发言人以往的情况，并在发言前与其加强沟通与交流，必要时可请某些行为不当者暂时离开会场

续表

突发事件类型	突发情况	预防和应对措施
设备问题	会场的扩音设备、灯光设备、投影仪或录音、录像设备等缺少或出现故障	加强会前检查与调试，备有紧急维修师的联系方式，必要时可准备备用设备
场地问题	制冷、取暖设备或通风系统出现故障，会议场所因某种原因不可使用	备有紧急维修师的联系方式，并及时与其联系。如果会议场所因某种原因不可使用，就需要临时寻找附近的大礼堂、电影院、剧院和报告厅等作为替代场地，需提前做好方案
资料问题	与会人员超出既定人数，或是由于会议资料印刷质量欠佳造成会议资料不足；由于各种原因，致使资料无法按时送到会议地点	秘书要随身带一份会议活动安排及会议需要使用文件的原稿，以便在会场附近随时复印。若会议资料无法按时送到会场，秘书应及时通知并催促相关工作人员
车辆短缺	在接站、送站以及会场转场时，车辆短缺造成与会人员长时间等待，影响会议进程	加强会前检查，预备足够的应急车辆，提醒司机随时做好准备并备有其联系方式
指挥混乱	会议的组织协调出现问题，会议流程衔接不畅，会议信息无法及时进行传递	会前进行适当的突发事件演练和模拟，检验会议指挥系统的灵敏性

2. 处置突发事件的基本原则

如果在会议召开期间发生突发事件，应按以下原则处理：

（1）及时报告

突发事件发生之后，会场有关工作人员要马上将事件发生的时间、地点、经过、危害程度等情况及时向单位领导报告，涉及某些部门的事件先向其部门领导报告，然后再向单位的主管领导汇报。

（2）提前采取应急处置措施

必要时应拨打医疗、消防等单位的电话，迅速组织人员急救，及时保护现场，积极抢险救灾。

第四节　会后善后

会后善后工作主要包括引导与会人员安全、有序地离开会场，清理会场，安排送行车辆，交还与会人员物品，结算会议经费，整理会场用品，撰写会议纪要，做好会议总结等工作。

一、会后事务性工作的处理

1. 合理安排与会人员返程

有外地与会人员参加的会议，应根据会期长短、外地与会人员数量等实际情况，及早安排好他们的返程事宜。要事先了解外地与会人员的时间安排，提前掌握交通工具的时间等情况，同民航、铁路、公路、港口等部门联系，预订好机票、车票、船票。届时应安排好送行车辆，派人将外地与会人员送到机场、车站、港口，如有必要，还应安排有关领导为与会人员送行。

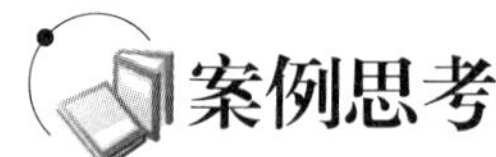

蒙贝莉公司邀请全国客户到北京参加该公司新产品的洽谈订货会，秘书李楠负责安排与会人员的返程工作。李楠给大家都订了会议结束后第二天的硬卧火车票离京。结果，有的代表反映要留在北京办理其他事宜，有的代表反映自己单位有急事需乘飞机离京，有的代表则反映要乘软卧，都对李楠的安排十分不满，这让洽谈订货会的效果大打折扣。

思考：

1. 你认为李楠错在哪里？
2. 你认为应如何正确安排与会人员返程事宜？

2. 整理会场

会场的临时布置应撤除，用品、用具要清点、归位。搬动过的桌椅要恢复原样，会场地面、门窗应清扫、擦拭干净。会议所有文件应收齐归档，废弃的文书应收回并用碎纸机销毁，防止泄密。如果会场是租借的，则需要做好以下几项工作：

（1）整理自带物品

应拿走会标、通知牌和方向标志，一次性的物品应当销毁，可以重复利用的则应归类入库；注意收拾好会议上使用的笔记本电脑、投影仪等贵重设备；清理并取走所有剩余的与会议有关的文件；注意检查有无与会人员的遗失文件、物品等。

（2）归还租借用品

应收拾整理放置在会议室的茶杯、桌椅、烟灰缸等，将其他借用的重要设备和器材及时归还，填写设备归还登记表（见表 4-9），办理好相应的归还手续，将会议室设备整理、恢复到备用状态。

表 4-9 设备归还登记表

名称	借用时间	归还时间	归还状态	出租方	租金	接收人签字	归还人签字

3. 结清会议费用

会议结束后，还需尽快结清会议有关费用。

（1）落实租借场地、设备的费用和购买供应品的费用。秘书人员应及时与会场出租方结清会议的各项费用，主要包括会议室租借费、重要设备的使用费、会场服务费等。

（2）为会议请来的相关专家、贵宾支付酬金或旅费。

（3）为与会人员结清会议费用并开具相关票据，以便与会人员报销。

4. 会议文件材料收集与归档

会议文件材料的收集工作在会议期间就要进行，如会前、会中发放的一些文件的讨论稿以及其他涉及机密的材料，按规定在离会前要如数交回。

会议文件材料收集的重点是：会议的选举材料，如选票、候选人介绍材料、选举结果等；重要会议的签到簿、会议方案、会议日程表、会议简报等；反映会议情况的材料。

（1）小型内部会议文件收集的方法

会议主持人宣布会议结束时，请与会人员将文件放在桌上，由秘书人员统一收集。

秘书除在会议室门口收集外，还需单独向个别已领取文件而未到会的人员收集。

（2）大中型会议文件收集的方法

提前发出文件清退目录，先由与会人员个人清退，再统一交给秘书。

正规的组织一般都会将每次会议（特别是大型会议）的资料进行归档整理，如现场的会议记录、与会人员名单、发言稿原件和打印件、会议决议等文字资料与会议的一些现场录音、录像资料一起，统一整理后提交给专门的档案管理部门。

二、会议纪要的编发

1. 会议纪要的含义

会议纪要是用于记录和传达会议情况和议定事项的公文，是根据会议情况、会议记录和各种会议材料，经过综合整理而形成的概括性强、凝练度高的文件，具有情况通报、执行依据等作用。

2. 会议纪要的格式

会议纪要由标题和正文组成。在格式上不用写主送单位和落款，成文时间多写在标题下方，也可写在文件最后。

（1）标题

标题通常由“会议名称＋会议纪要”构成，例如：“××公司第五届职工代表大会会议纪要”。

（2）正文

会议纪要的正文由导言、主体和结尾三部分组成。

1）导言。导言主要用来记述会议的基本情况，包括会议的名称、时间、地点、主持人、主要出席人、主要议程、讨论的主要问题等。导言不需写得太长，要简明扼要，让阅读者对会议有个总体的了解。

2）主体。主体是会议纪要的核心部分，包括会议的主要精神、会议议定的事项、会议上达成的共识、会议上布置的工作和提出的要求、会议上各种主要的观点等，都在这一部分予以表达。

3）结尾。结尾一般写对与会人员的希望和要求，也有的会议纪要不写专门的结尾。

3. 会议纪要的写法

根据会议性质、规模、议题等不同，会议纪要大致有以下几种写法：

（1）集中概述法

集中概述法是把会议的基本情况、讨论研究的主要问题、与会人员的认识、议定的有关事项等，用概括叙述的方法进行整体的阐述和说明。这种纪要多用于小型会议或讨论的问题比较集中、意见比较统一的会议。

（2）分类标项法

大中型会议或议题较多的会议一般要采取分类标项法撰写会议纪要，即把会议的主要内容分成几个大的问题，再分项来写。这种写法侧重于横向分析阐述，内容相对全面，问题也说得比较细致，常常包括对目的、意义、现状的分析以及目标、任务、政策措施等的阐述。这种纪要一般用于需要基层全面领会、深入贯彻的会议。

分类标项法会议纪要示例如下：

对 ×× 地区放宽政策发展第三产业现场办公会会议纪要

×× 地区人民政府〔2018〕10 号

2018 年 × 月 × 日，区委副书记 ××、副区长 ××× 在 ×× 地区 ×× 镇主持召开了对 ×× 地区放宽政策和发展第三产业的现场办公会议。

会议决定事项如下：

一、关于放宽政策问题

（一）为了贯彻 ×× 地区工作会议精神，对 ×× 退耕还林地区所造成的农民口粮减少问题，区委决定保证该地区每人每年 ××× 斤口粮，由相关部门调给议价粮，按平价销售。价差由乡镇财政部门根据不同情况予以补贴。由农林部门与乡镇政府作出年度计划，经相关部门认定后，报农林部门核批。

（二）支持 ×× 地区的经济发展，发展企业广开多种经营门路，为此，农业银行将在贷款上给予支持。

（三）大力兴办企业，妥善办理工商营业执照问题。区政府选派一位副区长，定期召开区有关部门负责同志参加的现场办公会，现场审查核批。

二、关于发展第三产业问题

（一）会议原则同意在 ×× 公路的 ×× 地段东侧建设商业街，要按有关规定让开地下线，建设临时性商业设施。

（二）会议同意在 ×× 乡政府办公大院门前的公路东侧扩建整流器厂，有关占地和基建问题与各公司建设项目均应按基建程序由区规划办和计划部门协助办理。在设计施工中，要注意安全问题。

（三）关于筹建货场问题，可向区政府写书面请示，由 ×× 同志牵头，召集区计委、农办、规建办等有关部门负责同志研究、提出筹建办法，然后报市政府审批。

（四）关于发展畜牧业问题，由区畜牧局向 ×× 地区提供 ××××× 只种鸡，该地区如购买奶牛，还可免费协助做好鉴定和检疫工作。

会议最后，区委副书记 ×× 同志强调指出：区委、区政府对 ×× 地区予以放宽政策，各有关部门要在政策允许的前提下，予以积极支持。×× 地区的乡镇领导要发动群众，认真讨论如何致富问题。我们大家要齐心协力，使 ×× 地区早日富裕起来。

×× 地区人民政府

二〇一八年十一月七日

抄报：省人民政府

抄送：本区财政局、农业局、林业局、粮食局、农行、乡镇人民政府

×× 地区人民政府办公室　　2018 年 11 月 7 日

（3）记录摘要法

记录摘要法是把会议上具有典型性、代表性的发言加以整理，提炼出内容要点和精神实质，然后按照发言顺序或不同内容分别加以阐述说明。这种写法能比较如实地反映与会人员的意见。某些会议需要了解与会人员不同意见，其会议纪要可采用这种写法。

（4）指挥命令法

指挥命令法主要用于写会议决定事项，会议情况一笔带过，简练明快，多用于安排部署重要工作的会议。一般句式是："会议决定……""会议同意……""会议通过了……"等。

三、会议总结评估工作

会议结束后，秘书要对会务工作进行及时、认真的总结，一方面总结经验，肯定成绩，表彰先进；另一方面发现问题，找出不足，分析原因，为以后的会务工作提供借鉴和动力，不断提高办会水平。

1. 会议总结的目的

会议总结的目的主要有以下几点：第一，检查会议目标的实现情况；第二，检查各小组的分工执行情况；第三，将员工自我总结和集体总结相结合，以积累经验、找出不足，从而明确今后同类会议组织与服务工作的可借鉴之处，不断改进会议的组织服务工作；第四，奖惩相关人员，并要妥善解决会议的遗留问题。

2. 会议总结的内容

会议总结的内容主要包括五个方面：会议的目标，会场的情况，会议住宿及餐饮娱乐安排，会议费用情况，会议文件的准备情况等。秘书要认真严肃地对待会议

总结工作，从上述五个方面对会议工作进行详细总结。

3. 会议总结的方法

可以采用问卷调查、测评表测试、座谈会访谈、书面总结等多种方法对会议质量进行评价。

问卷调查和测评表（见表 4-10）测试一般是以匿名的书面方式进行，能够最大限度地了解与会人员的真实观点和看法，是进行会议评估的重要手段；座谈会访谈能充分发挥互动性，有助于收集来自多个方面、多个角度的信息，便于全面了解会议情况；书面总结是对会议进行评估的成果，能够系统而深入地归纳会议的经验教训。

表 4-10 会议工作测评表

项目		评估效果			
		好（4 分）	较好（3 分）	一般（2 分）	差（1 分）
会议的目标	会议主题和与会人员的相关性				
	主题是否清楚				
	议题选择是否恰当				
	议题数量是否合适				
会场的情况	会场大小、规模是否合适				
	会场座位的安排是否合适				
	会场设备、物品配备是否合适				
	会场是否安静、无噪声				
会议住宿及餐饮、娱乐安排	会议住宿情况				
	会议就餐情况				
	会议茶水提供情况				
	会议娱乐安排情况				
会议费用情况	餐饮、住宿费用是否合理				
	参观费用是否合理				
	资料费用是否合理				
会议文件准备情况	文件是否准备齐备				
	文件资料下发是否及时				

4. 会议总结的要求

（1）会议总结工作要根据岗位责任制和工作任务书的内容，逐条对照检查。

（2）要切实回顾和检查会议工作中好的方面和存在的问题，认真总结经验教训，不断探索办会的规律。

（3）应有理有据、实事求是，要突出要点、有所侧重。

（4）会议总结应一分为二，以激励为主。一般会议结束后，还应慰问参与组织会议的工作人员，有的重要会议还要表彰组织会议的有功人员。

实训

1. 某协会定于 2019 年 4 月 29 日在北京召开化妆品生产经营企业座谈会，邀请湛蓝蓝集团股份有限公司等 26 家单位的代表参加。请拟写一份会议通知。

2. 扬天计算机应用技术有限公司拟于 2019 年 6 月 16 日上午 9：00 在世纪会堂召开北京市计算机应用技术交流大会，该公司邀请了全国计算机应用技术方面的知名专家和相关单位的负责人参加本次会议。请拟订会议日程表。

3. 扬天计算机应用技术有限公司拟于 2019 年 6 月 16 日上午 9：00 在世纪会堂召开北京市计算机应用技术交流大会。开幕式之后，与会人员将被分成 8 个小组进行讨论。请做出主会场、分会场的布置方案。

4. 第十六届全国疲劳与断裂学术会议定于 2019 年 11 月 10—13 日在福建厦门召开。这将是一次内容丰富、形式多样、人员广泛的学术盛会。本届会议旨在通过广泛的学术和信息交流，活跃学术思想，明确研究方向，推进我国疲劳与断裂研究的发展。如果你是组委会办公室秘书，请拟订一份会议接站工作方案和报到工作方案，要求格式正确、规范，要素齐全。

5. 为期三天的美容美发行业协会常务理事（扩大）会议暨 2019 年年会顺利闭幕了。此次会议邀请了国内各地区美容美发行业协会的会长、理事和知名业内专业人士到场，共商行业发展大事。会议在国际饭店 1 号会议厅举行，会议所需的各种音响、投影设施由饭店配备，其他会议所需物品由承办方——北京美容美发协会提供。请列出会议善后工作清单。

part 05

第五章 秘书“办事”工作

学习目标

- 了解商务旅行的交通方式
- 学会制订商务旅行计划
- 了解宴请的类型，掌握宴会餐前及用餐礼仪
- 掌握宴会的准备工作内容
- 了解开业庆典的内涵，掌握开业庆典的组织流程和方法
- 了解新闻发布会的内涵，掌握新闻发布会的组织流程和方法

第一节　商务旅行

商务旅行也称为出差，是指商务人士以商务为主要目的，离开自己的常驻地到外地或外国进行的商务活动及其他活动。商务旅行的具体目的很多，有时为了参加学术会议，有时为了洽谈业务，有时为了增进与客户之间的关系，有时为了推广新产品，有时则为了解决与客户之间发生的纠纷。与平时在单位上班不同，领导在出差过程中工作的节奏更快，而且对秘书的指示相应增多。出差途中的环境不同于单位，有许多不可预见的因素会影响秘书的工作，这就要求秘书既要更细心，又要更灵活。

不论是短期出差还是长期出差，在每次出差动身之前，秘书都要为领导做大量的准备工作，如安排日程、预订票务和住宿、预支差旅费、准备必需的文件资料和领导在各种不同场合的发言提纲等。

一、商务旅行的交通方式

1. 交通工具

商务旅行常见的交通工具包括飞机、火车、公共汽车、轮船和小型汽车等（见表 5-1）。

表 5-1　　　　商务旅行常见交通工具的比较

交通工具	优点	缺点	适合
飞机	速度快，提供餐饮	价格高，有时不能直接到达目的地，需要和其他交通方式结合。对行李的重量限制较严格	紧急和长途
火车	速度较快，票价适中，旅行者能休息，可以在乘车期间做一些工作	有固定的时间表和路线，热点线路或旺季时车票不好买，有时无法直接到达目的地	长途
轮船	能运输大件物品	速度慢，不适合商务旅行	长时间旅行
公共汽车	票价便宜	速度慢，费时	短途

续表

交通工具	优点	缺点	适合
小型汽车	没有限定的时刻表，能直接到达目的地	停车困难，过路、过桥费较高，长途自驾容易疲劳，乘车期间不能做其他工作	短途

2. 影响交通工具选择的主要因素

秘书在选择交通工具前，先要了解领导出行的一些基本情况，从而做出正确的选择。影响交通工具选择的主要因素包括以下几个方面：

（1）旅行的目的地——是国内旅行还是国际旅行。

（2）旅行的原因——领导出行可能需要携带样品、材料等。

（3）停留的时间长短——如果是短期停留，需考虑旅行的速度。

（4）是否参加团体旅行——团体旅行可能意味着不同的选择方式。

（5）旅行费用——受到预算或费用约束。

（6）单位制度规定——根据单位的规定，不同职级人员出差，可以乘坐的交通工具不同。

（7）领导的个人喜好——了解领导喜欢何种出行方式。

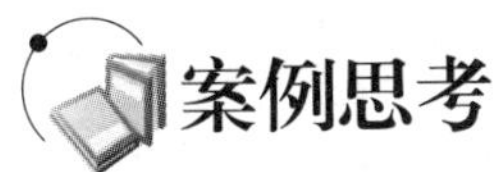

案例思考

小苏是某企业总裁的秘书。这天总裁开完会后对小苏说，他今晚将与其他三位部门经理去上海出差，让她订四张机票。

"是头等舱吗？"小苏问。

"是的。"总裁回答。

小苏赶紧预订了四张头等舱机票。当她把机票信息发给总裁后，总裁问她："谁让你订四张头等舱机票？"

小苏这时才明白只有总裁才有资格坐头等舱。于是，她又匆匆把另外三张机票换成经济舱。当她把机票信息发给其他三位经理时，其中一位经理问她："你准备把总裁一个人孤零零地扔在头等舱里？"

小苏不知所措，准备找办公室主任问问到底安排谁陪总裁坐头等舱。

思考：

小苏订票的错误在哪几个方面？应该如何改进？

二、商务旅行前的准备工作

1. 制订商务旅行计划

一份商务旅行计划主要包括五项内容：日期和时间、地点、交通工具、具体事项和备注，见表 5-2。

表 5-2　　商务旅行计划的内容

编号	事项	具体内容
1	日期和时间	包括出发、返回日期及时间，各个目的地的抵离时间和中转时间，旅行过程中各项活动或工作的日期和时间，还包括旅行期间就餐、休息的时间。注意时间应具体到某月、某日、星期几和几点几分
2	地点	包括旅行抵达的目的地以及中转的地点，开展的各项活动或工作的地点和食宿地点。根据实际情况，地点的名称既可以详写，即哪个国家、哪个地区、哪个公司，也可以略写，即直接写到达的地点名称
3	交通工具	包括出发、返回及中转的交通工具，还有到达目的地后进行商务活动使用的交通工具
4	具体事项	包括每日商务活动内容和私人事务活动，如访问、洽谈、会议、宴请、参观、娱乐、购物等
5	备注	包括提醒需要领导注意的事项，如当地需要注意的一些风俗习惯和礼仪，参加某一活动需要带的合同或文件等

要制订一份切实可行的商务旅行计划，秘书必须注意以下几点：

（1）明确领导的旅行意图、旅行目的地、旅行时间、到达目的地后的商务活动计划等事项。

（2）熟悉单位对不同级别员工出差待遇的有关制度规定，了解领导对交通工具及食宿的要求。

（3）了解目的地交通情况和住宿情况。

（4）至少拟订两个旅行方案，与领导共同讨论，最后选定最佳方案。

案例思考

北京一家旅行社为了维系和客户的关系，并开展一些更有吸引力的旅游线路，决定派各区经理拜访合作客户。汪经理负责山东省，他计划从 11 月 2 日到 4 日拜访山东省济南市的三家客户：夏日旅行社、山水旅行社和青春国际旅行社。他要求秘书张弛制订一份商务旅行计划，以便做好出行准备。

张弛编写了计划表，见表 5–3。

表 5–3　　　　商务旅行计划表

<table>
<tr><th colspan="2">行程时间</th><th>地点</th><th>活动</th><th>备注</th></tr>
<tr><td rowspan="3">11 月
2 日</td><td>11：15—14：24</td><td>D55 次列车</td><td>去往济南，在火车餐车吃午餐</td><td>10：40 开始检票</td></tr>
<tr><td>15：00—15：30</td><td>济南舜凯大酒店</td><td>入住酒店</td><td rowspan="2">酒店电话：×××××××××</td></tr>
<tr><td>18：00—18：30</td><td>济南舜凯大酒店</td><td>在二层中餐厅吃晚餐</td></tr>
<tr><td rowspan="3">11 月
3 日</td><td>9：00—11：30</td><td>夏日旅行社</td><td>与公司业务总监王××洽谈开发新旅游线路事宜</td><td rowspan="2">已经预约，带上送王总监的礼物</td></tr>
<tr><td>12：00—13：00</td><td>夏日旅行社附近</td><td>与王总监共进午餐</td></tr>
<tr><td>14：30—16：30</td><td>山水旅行社</td><td>洽谈开发新旅游线路事宜</td><td></td></tr>
<tr><td rowspan="2">11 月
4 日</td><td>9：00—10：30</td><td>青春国际旅行社</td><td>会见李经理</td><td rowspan="2"></td></tr>
<tr><td>13：10—16：20</td><td>D56 次列车</td><td>回北京</td></tr>
</table>

思考：

你认为张弛制订的这份商务旅行计划是否完善？还有哪些需要补充的内容？

2. 订票

秘书在订票前，首先要了解单位的出差政策，清楚不同级别员工预订车、船、机票的规定；然后查询最新的列车、航班时刻表，避免车次、航班调整而带来麻烦；最后拟订至少两个乘车方案，与领导共同讨论，选定最佳方案。

预订机票注意事项

- 查询各大航空公司和机票代理公司的航班信息，预订最佳路线。
- 与领导确定一个后备航班，以防首选航班的机票售完。
- 如果是出国旅行，切记时差问题。
- 订好机票后，仔细核对航班号、客人姓名及舱位情况。
- 与领导或同事确定接机安排，同时要确认费用。

3. 订房

商务旅行如果需要住宿，房间一般可以通过旅行社预订或在网上预订。如果单位与酒店有经常的业务往来，常见的预订方法是直接与酒店方联系预订。预订时应提供住宿者的姓名、抵达时间和离开时间、需预订房间的类型及特殊要求等。

预订后，一定要确保收到酒店预订确认函（见图 5–1），并及时回复酒店预订信息。办理妥当后，把酒店预订确认函附在领导随身携带的旅行计划后面。

4. 预支差旅费

差旅费一般包括往返路费和当地的交通费、食宿费以及其他可能的活动经费。在出差前，单位一般允许出差人员预支差旅费，也有些单位采用先由个人垫付差旅费、回来报销的方式。预支差旅费和报销程序见表 5–4。

表 5–4　预支差旅费和报销程序

出差前	1. 填写出差申请表（见表 5–5）
	2. 领导审核同意并签字批准
	3. 将申请表提交财务部门，领取现金或支票
出差中	4. 商务活动中发生的费用应索取报销凭证
出差后	5. 领取并填写出差费用报销单（见表 5–6），将发票附在出差报销单上
	6. 找相关领导签字（如果计划费用不够，得到领导许可后才可以将超出部分报销）
	7. 到财务部门报销

××××酒店预订确认函

电话 Tel：　　　　　　　　　　　　　　　　传真 Fax：

预订 New Reservation □　　修改 Amendment □　　取消 Cancellation □　　No. ____________

预订信息（Reserved Information）：

客人姓名（Guest Name）________　性别（Sex）：_____　生日（Date of Birth）：________

国籍（Nationality）______________　证件名称（Certificate）______________

证件号码（Certificate No.）__________　证件有效期（Certificate Validity）：________

公司名称（Company）________________　地址（Address）______________

电话（Tel）________　传真（Fax）________　邮箱（E-mail）____________

抵店日期（Arrival Date）____________　离店日期（Departure Date）____________

房间类型 Room Type	间数 Number of Rooms	房价 Room Rate	备注
豪华套房 Deluxe Suite		438 RMB	赠送一份早餐 A complimentary breakfast
豪华标准房 Deluxe Double Room		248 RMB	赠送一份早餐 A complimentary breakfast
豪华单房 Deluxe Single Room		228 RMB	赠送一份早餐 A complimentary breakfast

备注 Remark	预订的房间将保留到抵店当天 22：00，除非已付担保金。 Reservation will be held until 22：00 on check—in date，unless guarantee payment is received.

其他要求（Special Requirement）：______________________________

- 接受所有主要的信用卡 All major credit cards are accepted

  房间设施（Guest room facilites）：
- 所有客房都可免费拨打市内电话 Free local call
- 免费宽带服务 Free broadband service
- 中央空调 Central air-conditioning
- 24 小时热水 24 hours hot water

特点提示：宾客携带的贵重物品及大额现金请交前台免费寄存；退房时间为 13：00 整，13：00 以后、19：00 以前办退房手续加收半天房费，19：00 后加收一天房费，凌晨 5：00 以前入住按前一天入住收房费；入住时须持本人有效证件登记，未登记者，谢绝入住。23：00 以后谢绝会客，如需留宿他人，须到总服务台登记。

请需要预订酒店的人员在××××年××月××日前一定回复酒店《确认预订表》预订房间，有任何情况请及时与酒店销售经理×××联系。

图 5-1　酒店预订确认函

表 5-5　　出差申请表

申请人		所属部门		职位		
出差时间	自　年　月　日至　年　月　日，共　天					
行程安排	日期	始发地	终止地	日期	始发地	终止地
出差目的						
费用预算	车船费	住宿费	餐费	其他	合计	备注
财务意见						
部门主管意见			总经理审批			

备注：1. 此表经相关部门签字填写完整后交至行政部、人事部备案。

2. 申请人填写此表应认真仔细，此表作为报销费用时审核行程的依据。

表 5-6　　出差费用报销单

报销部门＿＿＿＿＿＿＿＿　　报销日期：　年　月　日

姓名			职别			出差事由				
出差起止日期			自　年　月　日至　年　月　日，共　天							
日期		起讫地点	天数	车船费		中途伙食补贴费	住宿费	杂费		小计
月	日			交通工具	金额			用途	金额	
合计（大写）								总计		
审核意见										

负责人　　会计　　审核　　主管部门　　出差人

个人垫付差旅费的程序除了不需要到财务部门预支费用外，其他与上述程序相同。

5. 准备商务旅行用品

临行前，秘书要将文件资料及用品按公与私分别列出清单，请领导过目，避免遗漏。根据准备物品的清单，秘书与领导分别做相应的准备。商务旅行常用物品清单见表 5–7。

表 5–7　　商务旅行常用物品清单

商务活动文件资料（秘书准备）	差旅相关资料（秘书准备）	办公用品（秘书 / 领导准备）	个人物品（秘书 / 领导准备）
谈判提纲 合同草案 协议书 演讲稿 有关讨论问题的信件 备忘录 日程表 科技、产品资料 公司简介 对方公司相关资料	目的地交通图 旅行指南 邀请函 介绍信 通讯录 日历 世界各地时间表	笔记本电脑 存储设备 录音笔 照相机 / 摄像机 文件夹 笔、笔记本 公司信封及信纸 手机 名片 现金、信用卡、支票	护照 签证 身份证 信用卡 替换衣物 洗漱用品 急救药品 旅行箱 车船票、机票

如果一次商务旅行的目的地不止一处，秘书准备出差必备文件资料时，最好将每一个目的地需要的文件分装，且每一个目的地的日程安排也最好分列。

三、商务旅行期间秘书的工作

商务旅行时，如果秘书与领导同行，不仅要做领导工作上的助手，还要做领导生活上的助手；如果留在单位，秘书同样要做好自己承担的各项工作。

1. 秘书不与领导一同出差时的工作

（1）领导动身当天的工作

动身当天，秘书要安排好送站的车辆，还要检查所乘交通工具的运行情况，特别是飞机因气候不佳而延误的情况经常发生，因此，如果是乘飞机的话，一定要查询当天的航班情况。把领导送上火车或飞机之后，秘书要立即电话通知对方接站的时间，特别是在改变原定车次或航班的情况下，一定要及时将新的变化告诉对方。

（2）日常工作

在领导出差期间，秘书要对自己收到的文件和资料进行筛选和整理，并及时与领导联系，以保证领导出差工作的顺利进行。

2. 秘书与领导一同出差时的工作

秘书陪同领导出差时，出差途中要注意以下事项：

（1）如果乘坐飞机，应根据单位规定选择相应舱位；如果乘坐火车，秘书一般不要挨着领导坐，但为了方便工作，秘书可坐在领导的斜对面（或斜后座）；如果乘坐汽车，领导坐后排右侧的座位，秘书坐副驾驶座位。根据实际情况可有所变动，但是，无论如何安排座位，都要以方便工作为准。

（2）到站时，秘书要提着行李先下车或下飞机。如果对方有人来接站的话，要先联系对方接站的人，接站后，不要自作主张地代表领导向对方表示感谢，而应先把领导介绍给对方，由领导出面表示感谢。只有当对方来接站的也是秘书时，秘书才可以向他（她）表示感谢。

（3）当领导与对方寒暄时，秘书要保持距离，注意回避；但上车后和开始正式会谈时，则应适时参与。如有时领导会谈超过预定时间，这时，为了后续活动能够正常进行，秘书一方面要向领导示意时间，同时也要注意提醒对方的秘书。

到了出差的最后一站，秘书要向单位汇报出差的情况，同时说明返程安排，以便单位派车接站。

第二节　商务宴请

商务宴请是指为了保持联系、交换信息或洽谈生意，借用餐的形式所进行的一种经常性的商务活动。

一、宴会类型

宴会类型一般按出席规格进行划分，详见表 5-8。

表 5-8　常见宴会类型

类型	特点
国宴	国宴是国家元首或政府首脑为国家的庆典，或为外国元首、政府首脑来访而举行的正式宴会，因而规格最高
正式宴会	正式宴会是政府和人民团体等有关部门为欢迎应邀来访的宾客，或来访宾客为答谢主方而举行的宴会。这种宴会无论是规格和标准都稍低于国宴
便宴	便宴是一种非正式宴会，常见的有午宴、晚宴，有时也有早宴。其最大特点是简便、灵活，一般规模较小，菜式有多有少，质量可高可低，不拘严格的礼仪、程序，多用于招待熟悉的宾朋好友
家宴	家宴即在家中设便宴招待客人。西方人士喜欢采取这种形式待客，以示亲切。家宴常用自助餐方式，突出亲切、友好的气氛
工作餐	工作餐通常是人们在工作特别繁忙、日程安排不开时采用的一种既节省时间又能达到招待目的的非正式宴请形式

二、宴会的礼仪

1. 餐前礼仪

（1）适度修饰

赴宴时应适度进行个人修饰，总的要求是整洁、优雅、美观。一般而言，赴宴时应穿着套装，男士应剃须，女士应化淡妆。

（2）准点到场

应邀赴宴一定要遵守时间，抵达过早或过晚均为失礼。早到的话，主人往往会因还未做好准备而措手不及；晚到的话，则会打乱主人原订的计划。

（3）各就各位

进入宴会场所后要在签字簿上签名，向主人打招呼，并对其他宾客礼貌致意。在正式用餐活动中，一定要按照指定的桌次、位次就座。如不明确，要遵守主人的安排，不要随便乱坐。一般而言，应于主人、主宾之后就座，或与大家一道就座。如果邻座是女士或年长者，应帮助他们抽出座椅，请他们先坐下。

（4）积极交际

在用餐前等候时，应进行适当的交际活动。要问候主人，或主动与邻近来宾交谈并作自我介绍。

（5）倾听致词

当主人和主宾致词时务必洗耳恭听、专心致志，以示礼貌。

2. 餐桌礼仪

进餐时应注意仪态，切勿汤汁横流、响声大作，这样不但失态，而且还会影响他人的食欲。

（1）吃得文雅

进食时，应小口进食，闭起嘴咀嚼，不要发出声响。夹菜、盛汤时，动作要轻，如果汤较热，可先盛入碗内待稍凉后再喝，不要对着汤碗吹气，也不要吸着喝。吐出来的碎骨应放在自己面前的小盘中，不要直接吐到台布上。

（2）不去布菜

进餐时可以劝人多食用一些，但不要擅自做主，主动为他人夹菜、添饭，这样做不仅不够卫生，而且还会让人为难。

（3）不挑不拣

在夹菜时，先拣离自己最近的菜下筷，较远的菜应等主人或同座客人表示请用后再下筷。夹菜时不要在碗碟里乱翻，如果夹起菜后发现不合心意再放回去，则更是失礼之举。

（4）不要吸烟

不论用餐地点有无规定、主人有无要求，在用餐时都应自觉做到不吸烟，以免污染空气及有损他人健康。当他人向自己敬烟时，不应接受，但也不必对其进行指责。

（5）不清嗓子、不擤鼻涕、不吐痰

用餐时，切忌清嗓子、擤鼻涕、吐痰等，此类举止不但有碍观瞻，而且也会影响他人食欲。

（6）不乱走动

没有必要的话，在用餐时不宜离开自己的座位四处走动。用餐完毕，一般不要先离席，应等其他客人吃完一起离席。如果确有急事须离席，应向主人说明原因，表示歉意，同时要向其他客人示意后方可离席。

（7）辅餐具的使用

1）牙签。一般餐桌上都备有牙签，但尽量不要使用。非使用不可时，应以餐巾或另一只手掩住口部并妥善处理剔出的杂物。剔牙之后，不要长时间叼着牙签。取用食物时，不要以牙签扎取。

2）水杯。中餐中所有的水杯主要供盛放白水、软饮料等时使用。使用时需要注意三点：一是不要用其去盛酒，二是不要倒扣水杯，三是喝入口中的东西不能再吐回去。

3）湿巾。在中餐用餐前，一般会为每位用餐者准备一块湿巾，它只能用来擦手，绝不可以擦嘴和擦脸。擦手之后，应将其放回原处，由侍者取回。

（8）致谢告别

散席时，客人要向主人致谢意，然后握手告别，并与其他客人告别。

三、宴会的准备工作

1. 确定日期和时间

秘书在安排宴会时间时应充分考虑主、宾双方都较为合适这一因素，有时若实在难以兼顾，应从宾客方面着想，一般不宜安排在对方的重大节日、重要活动之际或有禁忌的日子。

确定正式宴会的具体时间要遵从民俗惯例。大部分地区举办正式宴会都安排在晚上。因工作交往而安排工作餐，大都选在午间进行。而在广东、海南或港澳地区，则多爱选择“饮早茶”。

秘书还要根据领导的提议确定宴会时间，并征求领导的同意。

2. 确定地点并预订座位

用餐地点要根据宴请的规格来进行选择。除此之外，还要注意选择环境幽雅、通风良好、设施完善、交通方便的用餐地点。

确定了用餐地点后，秘书要根据宴会的人数提前预订座位。

3. 确定宴请人员

秘书要根据宴请的性质、目的，主宾的身份，双方的关系和惯例，草拟出席名单，最后由领导确定宴请人员。

4. 确定菜谱

宴请时的菜谱要根据宴请的性质、目的、形式与规格，在经费预算标准内合理确定。菜谱的安排一般有三条原则：

（1）主随客好

选菜的依据主要是宾客的口味、喜好，可以点中餐特色菜、具有本地特色的菜肴和所在餐馆的招牌菜等。另外，还必须兼顾来宾的饮食禁忌。

（2）搭配合理

菜品应注意荤素的搭配、时令菜与传统菜肴的搭配以及菜点与酒品饮料的搭配，力求合理。

（3）量力而行

按照经费的预算，合理确定菜肴的品种、数量与价位等。

5. 确定桌次和座次

在中餐的礼仪中，席位的排列是一项十分重要的内容，它用于表达主方对宾客的礼遇和尊重，因此往往受到宾主双方的重视。秘书一定要事先确定客人的名单和职位，安排好桌次和座次。为了便于来宾正确无误地在自己的座位上就座，除了招待人员及主人要及时地引领、指示外，秘书还应事先以醒目的文字书写好餐桌序列号的桌次卡和个人姓名的座位卡，并摆放在每位来宾所属座位正前方的桌面上。

（1）桌次的排列

中餐宴请活动往往采用圆桌布置菜肴、酒水，采用一张以上圆桌安排宴请时，便出现了桌次问题。

第一，由两桌所组成的小型宴请，如果是两桌横排，其桌次是“以右为尊”（见图 5–2）。这里的“右”，是以面对正门为基准确定的；如果两桌竖排，其桌次则讲究“以远为上”（见图 5–3），这里的“远”是指餐桌到正门的距离。

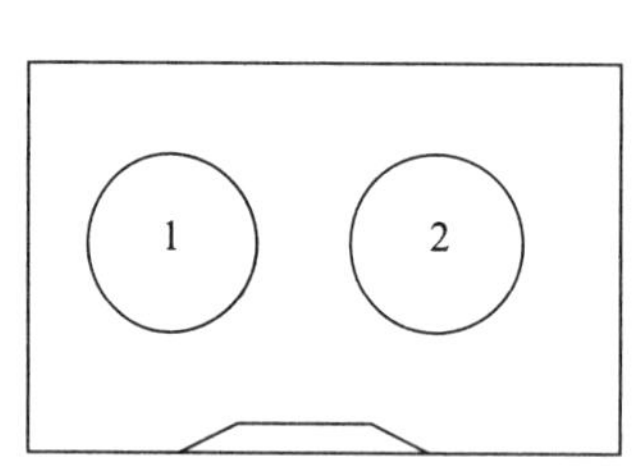

图 5–2　两桌横排时的桌次排列方法

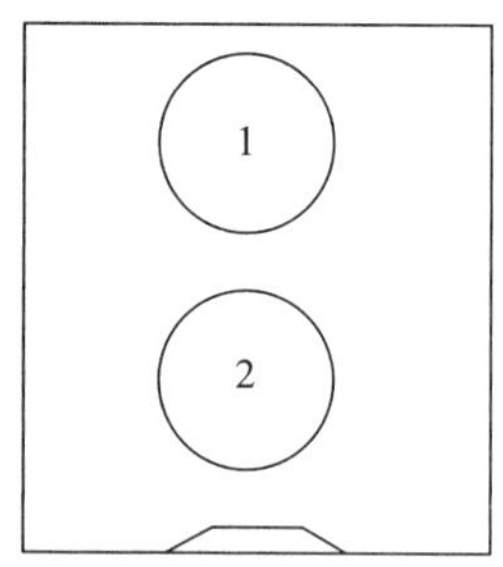

图 5–3　两桌竖排时的桌次排列方法

第二，由三桌或三桌以上组成的宴请，通常称为多桌宴请。在确定桌次时除了要注意“以右为尊”“以远为上”两条规则之外，还应兼顾其他各桌距离主桌的远近。通常距离主桌越近，桌次越高。这项规则称为“主桌定位”（见图 5–4 至图 5–6）。

第三，每张餐桌上所安排的用餐人数应大体上限于 10 人之内，并且是双数。人数如果过多，不仅不容易照顾，而且也可能造成拥挤。

（2）座次的排列

圆桌上位次的排列可分为以下两种具体情况：

第一，每桌一个主位。每桌一个主位时，主宾在主人右侧就座（见图 5–7）。

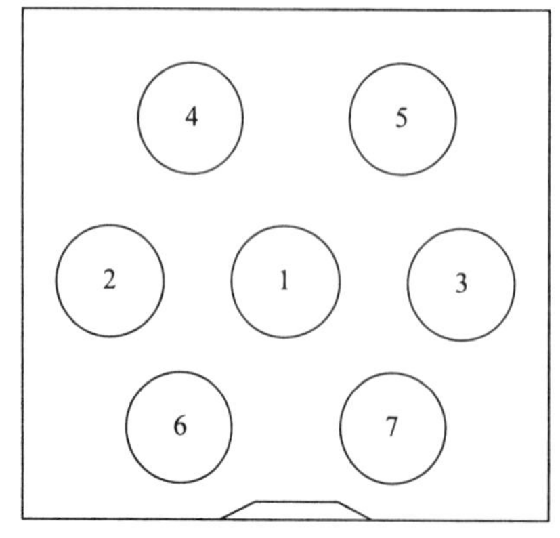

图 5–4　多桌排列时的桌次排列方法之一

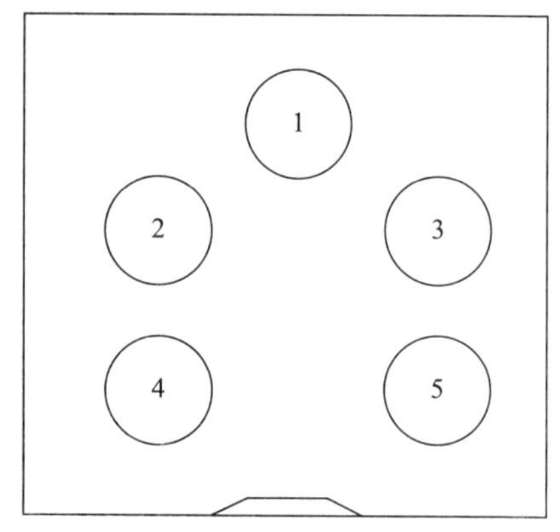

图 5–5　多桌排列时的桌次排列方法之二

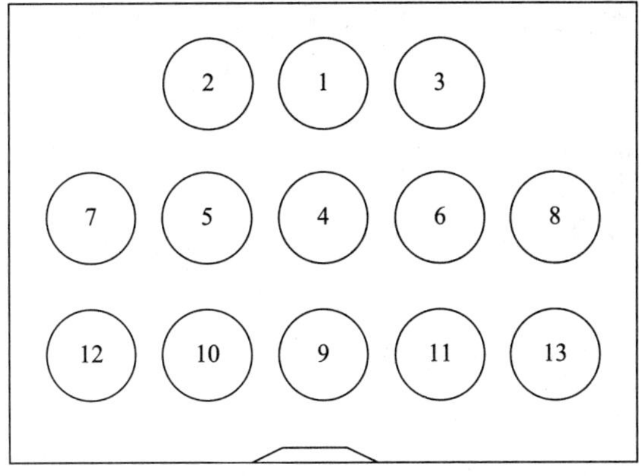

图 5-6　多桌排列时的桌次排列方法之三

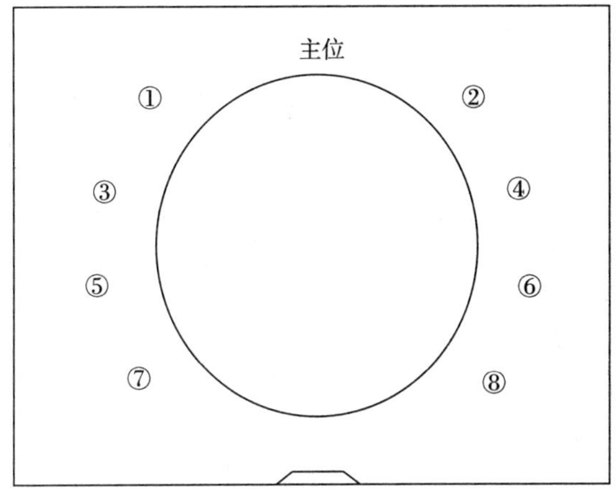

图 5-7　每桌一个主位时的位次排列方法

第二，每桌两个主位。每桌两个主位通常情况为主人夫妇就座于同一桌，以男主人为第一主人，以女主人为第二主人，这时主宾和主宾夫人分别在男女主人右侧就座（见图 5-8）。

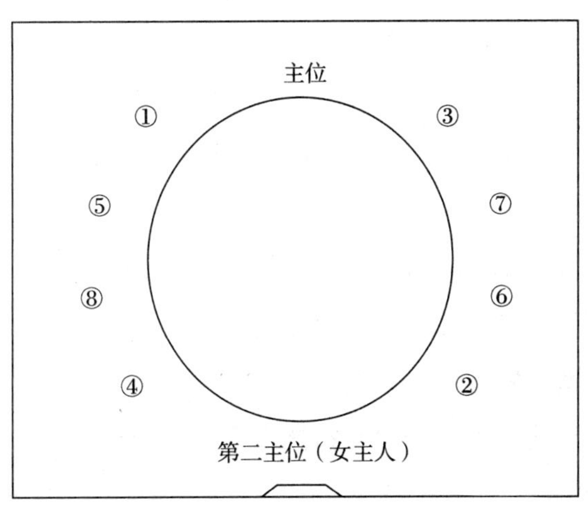

图 5-8　每桌两个主位时的位次排列方法

如主宾身份高于主人，为表示尊重，也可安排其在主人位次上就座，主人则坐在主宾的位次上。

6. 制作并发送请柬

商务宴请时如果采用请柬邀请嘉宾，会显得更加正式，且能提高商务宴请的档次。

请柬又称请帖，一般由正文和封套两部分组成。不论购买印刷好的成品，还是自行制作，请柬在格式与行文上都应当遵守成规。目前，在商务交往中所采用的请柬基本上都是横式请柬，横式请柬对折后的上面外侧多为封面，下面内侧则为正文的行文之处。封面通常采用红色，并标有“请柬”二字。请柬内侧可以同为红色或采用其他颜色，但一般不采用黄色与黑色。请柬正文的用纸大都比较考究，多用厚纸对折而成。在请柬上亲笔书写正文时，应用黑色钢笔或毛笔自左而右横写。

请柬的行文中必须包括活动形式、活动时间、活动地点、活动要求、联系方式以及邀请人等内容。

规范的请柬正文示范一：

> 谨定于2019年1月5日下午18时整于本市金龙大酒店芙蓉厅举行××集团公司成立20周年庆祝酒会，敬请届时光临。
>
> 此致
>
> 敬礼
>
> 联系电话　（010）××××××××
>
> 备　　忘

在请柬左下方注有“备忘”二字，意在提醒被邀请者届时勿忘。在国际上，这是一种习惯的做法。

在以上范文里，邀请者的名称在行文时没有在最后落款，而是处于正文中；被邀请者的名称也没有在正文中出现，因为已在封套上写明。在实际制作商务请柬时，也可将邀请者与被邀请者名称单独分列。

规范的请柬正文示范二（邀请者与被邀者名称单独分列）：

尊敬的蒋勤先生：

为欢迎林源先生的到来，谨定于2019年12月21日晚19点在友谊宾馆迎宾楼举行宴会。恭候光临。

此致

敬礼

光明集团公司

总经理　李达

2019年11月23日星期六

在请柬的封套上，被邀请者的姓名必须写得清楚、端正，这不仅是对对方表示尊重，也是为了确保请柬被准时送达。

知识链接

邀约的接受

在商务交往中，商务人士不论接到来自任何单位、任何个人的书面邀约，都必须及时地、正确地进行处理。自己不论能不能接受对方的邀约，均须按照礼仪规范，对邀请者给予明确的回答：或者应邀，或者婉拒。置之不理、厚此薄彼、草率行事，都有可能引起不必要的误会。

为了了解被邀请者对邀约有何反应，许多邀请者在发出邀约时就对被邀请者有所要求，请对方不论能否到场均必须作出答复。通常类似的规定在书面邀约的行文中出现，如“如蒙光临，请予函告”“能否出席，敬请答复”以及“盼赐惠复”等。

所有回函，不论接受函还是拒绝函，均须在接到书面邀约之后三日之内回复，而且回得越早越好。

案例思考

小林是一家软件公司的秘书。一天，总经理要约见某合作单位的经理，让小林帮助联系。小林拨通了对方电话：“王经理您好！非常感谢您在上个季度对我们销售工作的支持和帮助，我们总经理想跟您谈谈今后继续合作的事，您看什么时候方便，咱们一起吃个饭？”

对方说："对不起，你是哪位？我听不出来。"

小林这才想起来介绍自己："啊？我是谁？我是 ×× 软件公司的林秘书呀。"然后继续说道："这个周五晚上您方便吗？我们总经理在迎宾楼请您。……那好，就这么说定了！周五晚上见。"

思考：

1. 秘书小林邀请王经理的过程有什么不妥之处？

2. 你认为在邀请客户或合作单位的领导用餐时应注意哪些问题？

7. 布置宴会现场

（1）气氛营造

宴会场所的布置应该严肃、庄重、大方，不要用霓虹灯装饰，可以少量点缀鲜花、盆景等。

（2）桌椅摆放

桌椅摆放的位置要适当，尽量避免客人受到桌腿和他人的挤夹。

（3）注意细节

注意不要让窗外或门外的风吹到客人，不要让光线直射到客人脸上，不要让桌上的鲜花挡住客人的视线。

四、商务宴请的程序

1. 迎接客人

单位领导应安排礼仪人员在宴请场所正门迎候客人，并将其引入客厅。对于重要的客人，领导要亲自到门口迎候。宾主会面时，要热情握手、相互介绍。介绍时，秘书应先将单位领导介绍给客人，随后将客人介绍给单位领导，介绍时要把姓名和职务说清楚，并有礼貌地以手示意。

2. 入席

人数较多时，秘书要事先在桌上摆放桌签。入座时，背对门口的座位一定要由秘书来坐，方便催菜、结账等。入座的时间应听从本单位领导的招呼。

3. 致辞

一般用餐之前主人会致欢迎词。欢迎词要事先准备好，一般先由秘书拟写，再请领导过目。欢迎词要求结构规范、语言简练，内容充满诚挚友好的欢迎和答谢之意。

4. 敬酒

敬酒需要有人率先提议，可以是本单位领导、主宾，也可以是在场的其他人。敬酒应起身站立，右手端起酒杯，或者用右手拿起酒杯后再以左手托扶杯底，面带微笑，目视大家，同时说出祝福的话，此时其他人要手拿酒杯起身站立，即使滴酒不沾者也要拿起杯子示意，将酒杯举到与眼睛同高，待提议者说完祝福话后，将酒一饮而尽或适量饮入。然后，还要手拿酒杯与提议者对视一下，以示礼貌。

如果是单独敬酒，可以象征性地和对方碰一下酒杯，碰杯的时候，应该让自己的酒杯边沿低于对方的酒杯边沿，表示对对方的尊敬；用酒杯杯底轻碰桌面也可以表示和对方碰杯，在离对方比较远时，可以用这种方式代替。

一般情况下，敬酒应以年龄大小、职位高低、宾主身份为先后顺序，一定要充分考虑好敬酒的顺序，分清主次。对于不熟悉的人，要先打听其身份或留意别人对其的称呼，避免敬酒时出现尴尬。

如果因为生活习惯或健康等原因不适合饮酒，应充分体谅对方，允许对方请人代酒或用饮料代替。

5. 欢送客人

宴会结束时，一般主宾先告辞，单位领导应送主宾至门口。主宾离去后，宴会组织人员按顺序与其他客人握手告别。

第三节　开业庆典组织与服务

随着对外交往的增加和经济、社会的发展，需要举办开业仪式的情况也逐渐增多。一般来说，任何一个单位的创建、开业或是某个项目的落成、移交等，都要专门为此举办开业仪式，这既可以为自己庆贺，又可以引起社会各界的关注，提高自己的知名度。

一、开业庆典的筹备工作

1. 成立开业庆典筹委会

开业庆典牵涉方方面面工作，各项工作都是相互衔接、相互联系和彼此交叉的，因此必须对各项工作进行统筹安排。通过成立筹委会来及时协调、组织各项筹备工作，能够有效提高筹备工作的效率。

庆典筹委会负责人一般由单位的副职领导担任，重要的开业庆典筹委会负责人可由正职领导担任。根据庆典规模和任务不同，筹委会一般下设宣传报道组、会务接待组、现场筹备组、后勤保障组、安全保卫组、礼仪组、文艺演出组等若干小组，各小组各有分工、各司其职、紧密协作。

2. 确定庆典活动主题

开业庆典是重要的公关活动，对内可以增加员工对单位的信心，加强单位的凝聚力；对外可以扩大宣传，增进公众对单位的了解，提高知名度和美誉度。因此，主办方应当根据举办庆典活动的具体目的以及社会环境、人文环境等因素确定活动主题。

3. 确定时间与地点

主题确定后，要进一步确定庆典的时间和地点。

确定时间应考虑以下因素：

（1）应关注天气预报，提前向气象部门咨询近期天气情况，尽量选择阳光明媚的日子。

（2）选择主要嘉宾、领导和大多数目标公众能够参加的时间。

（3）要考虑周围居民生活习惯，避免扰民，一般庆典应安排在上午 9：00—11：00，时间控制在 1～2 个小时。

确定地点时，一般应考虑选择单位经营所在地、目标公众所在地或租用大型会议场所。具体考虑场地是否够用、场内空间与场外空间比例是否合适、交通是否便利、停车位是否充足等因素。

4. 进行宣传铺垫，提升庆典活动效果

开业庆典最重要的事项是向社会各界公众展示单位形象，提高知名度和美誉度，此时舆论宣传至关重要。在开业庆典举办前，单位可以适当开展广告宣传，为庆典活动做铺垫，提升活动效果。

单位可以选择有效的大众传播媒介，通过网络、报纸、电台、电视台等进行集中的广告宣传，内容一般包括单位的介绍，庆典活动的举办日期、规模和方式等。

5. 确定邀请来宾名单，提前呈送请柬

开业庆典活动影响的大小，往往取决于来宾身份高低与人数多少。一般来讲，邀请来宾的范围包括：

（1）政府领导和上级领导

邀请单位所在地政府领导、业务主管部门领导，以感谢他们对本单位的关心和支持。

（2）社会名流

邀请社会名流参加商务庆典活动，如产品形象代言人、影视明星等，以更好地提高本单位知名度。

（3）新闻记者

通过新闻记者对开业庆典活动的报道宣传，可加深公众对本单位的了解与认可，扩大社会影响。

（4）业内人士

邀请同行业人士参加开业庆典活动，表达希望与对方有更多、更好合作的良好愿望。

（5）社区代表

邀请社区代表的目的是搞好本单位与本社区的关系，让更多的人关心、支持本单位的发展。

（6）员工代表

员工是单位或组织的主人，每一项成就的取得都离不开员工的辛勤工作，参加庆典活动会让员工更有归属感和荣誉感。

6. 确定关键仪式人员，并及时通知传达

开业庆典的关键仪式人员包括主持人、致贺词人、致答词人、剪彩人员、揭牌人员、挂牌人员等。

主持人可以是本单位领导（一般为单位副职领导），也可以是专业的主持人。主持人应当仪表端庄、仪态大方、反应机敏、口才良好，并熟悉整个活动的程序。致贺词人、剪彩人员、揭牌人员、挂牌人员一般为上级领导和来宾中德高望重的知名人士。致答词人一般为本单位最高领导。

确定关键仪式人员应事先和对方进行沟通和确认，以便其做好准备。秘书还应为本单位负责人拟写答词。有些情况下客人的贺词也需要由主办方来撰写。

7. 拟订开业庆典程序

每次开业庆典活动的内容和程序因活动场合不同会有所不同，应视具体情况安排。一般包括如下内容：

（1）主持人宣布庆典活动开始。

（2）宣读重要领导、嘉宾名单。

（3）宣读贺喜单位贺信或贺喜单位名单。

（4）来宾代表致贺词。

（5）主办方代表致答词。

（6）剪彩、揭牌或挂牌（同时敲锣鼓、放飞鸽、放气球等）。

（7）酌情安排宴请或文艺演出。

（8）留影、题字等。

8. 安排各项接待事宜和工作人员分工

接待工作应安排专人负责，事先确定签到、接待、剪彩（或揭牌、挂牌）、摄影、录像、扩音等有关事项的服务人员，这些人员应在庆典前到达指定岗位。应安排专门的接待室，方便来宾在活动正式开始前休息或与相关人员交谈。

重要来宾应由单位负责人亲自接待，入场、签到、剪彩、宴请、留言等活动均须提前安排好专人领位。

9. 制作经费预算

根据开业庆典的规格和规模做出可行的经费预算，一般包括场租费、印刷费、会场布置费、茶点费、礼品费、文具费、邮费、电话费、交通费等。

10. 做好会场布置

开业庆典活动会场布置应当体现出热烈、欢快、隆重、喜庆的特色，一般包括以下内容：

（1）布置典礼台背景

典礼台的设计一般为长方体，长、宽、高一般为 25 m、20 m、1 m。按照惯例，在室外举行开业庆典时宾主一律站立，一般不布置主席台或座椅。主题背景板的字体应美观大方，颜色以喜庆、热烈为标准。典礼台上与台前摆放鲜花、绿色植物，并铺设红地毯，如图 5-9 所示。

图 5-9　典礼台

（2）悬挂条幅

在庆典现场悬挂各类祝贺性的横幅（见图 5-10）或竖幅、空飘气球（见图 5-11）等，条幅一般以红底白字或是红底黄字为宜。

热烈祝贺浙江5A旅游公司隆重开业！

图 5-10　典礼横幅

图 5-11　空飘气球

（3）设置拱门

一般在庆典现场进口处设置拱门，拱门上可悬挂欢迎横幅，如图 5-12 所示。

（4）铺设红地毯

为显示隆重与敬客，可在来宾尤其是贵宾站立之处铺设红地毯，如图 5-13 所示。

（5）摆放花篮

在现场入口处或是红地毯两侧摆放花篮。花篮两条飘带上的一条写上"热烈庆祝 ×× 开业庆典"等祝福语，另一条写上庆贺方的名称，如图 5-14 所示。

图 5-12　拱门

图 5-13　红地毯

图 5-14　花篮

（6）设置签到处

签到处应摆放鲜花、签到簿、签到笔、胸花等物品。除此之外，为了介绍、宣传单位，还可在现场摆放户外招牌、展板等，如图 5-15 所示。

图 5-15　签到处

（7）调试相关设备

扩音设备应事先调试好，确保现场使用无误，尤其是供来宾讲话使用的麦克风和传声设备，不能在关键时刻出现问题，否则会让当事人手忙脚乱、无所适从。扩音话筒以准备三个为宜。在庆典举行前后，通常播放一些喜庆、欢快的乐曲，烘托庆典的气氛。对于播放的乐曲，秘书要事先进行审查，以免随意播放背离庆典主题的乐曲。相关的摄影、录像等设备也要准备和调试好。

11. 做好其他准备工作

（1）排练相关节目

在庆典过程中往往会安排如锣鼓表演、舞狮舞龙、乐队演奏、民间舞蹈、歌舞等节目，秘书要认真做好相关准备工作。

（2）准备庆典各方面物品

对于典礼过程中需要使用的照相机、笔记本电脑，单位的宣传册，剪彩的彩球、剪刀、手套、托盘等物品，秘书也要检查是否准备齐全。

（3）准备礼品

来宾参加庆典时，主办方一般会向来宾赠送礼品。礼品应具备三大特征：

1）宣传性。可选用本单位的产品，也可在礼品及其外包装上印制本单位的标志、产品图案、广告用语、开业日期、联系方式等。

2）荣誉性。某些限量版或特别定制的礼品会使拥有者感到光荣和自豪。

3）实用性。礼品应具有较广泛的使用场合。

二、开业庆典的组织实施

1. 庆典前检查

开业庆典对于一个单位来说有着重要意义，保证典礼的成功也就尤为重要。因此，在嘉宾莅临前，秘书应当再次对各项准备工作尤其是会场准备情况进行检查确认，发现问题及时解决。庆典前检查主要包括人员检查、物品检查、资料检查、礼品检查、会场检查等，为了提高检查效率，秘书可以提前制作检查表。

2. 接待签到

（1）停车接待。停车场安排专人负责指挥车辆停放。

（2）正门接待。由专人在正门接待来宾，并引领来宾入休息室。接待贵宾时，需由单位主要领导亲自出面。

（3）签到接待。来宾到达之后还应到签到处签到，由专人进行接待。来宾签到时，秘书可以将本单位的宣传或说明资料发给来宾，扩大单位的知名度，还可以与来宾交换单位对外联系人名片，方便日后的联络沟通。

（4）服务接待。签到完毕后，由服务人员安排来宾落座。

3. 剪彩或揭牌

开业庆典应按照庆典程序依次进行。在开业庆典中往往会举行剪彩或揭牌仪式，方法分别如下：

（1）剪彩

1）人员的确定。剪彩人员一般应由单位领导和嘉宾中地位最高的人士、知名人士、主管部门负责人、上级领导担任。

助剪人员分为引导者、拉彩者、捧花者与托盘者，一般由经过训练、形象较好的礼仪小姐担任。引导者可以为一人，也可以为每一位剪彩者配一名引导者；拉彩者应有两名；捧花者的人数则应视花数而定，一般应当一人一花；托盘者可以是一人，也可以为每一位剪彩者配一名托盘者。

2）剪彩的程序。剪彩开始前，助剪人员应各就各位。拉彩者与捧花者应当面带微笑，在既定位置上拉直缎带、捧好花朵。主席台上的人员一般要跟随于剪彩者之后 1～2 m 处（见图 5-16）。

图 5-16　庆典现场剪彩

主持人宣布剪彩开始，引导者应带领剪彩者走到红色缎带之前，面向全体出席者站好，然后引导者从剪彩者身后退下。接着，托盘者从左后侧上场，依次为剪彩者送上剪刀与手套，当剪彩者剪彩时，托盘者应在其左后侧约 1 m 处恭候。

剪彩之前，剪彩者应先向拉彩者与捧花者示意，随后动手剪彩。在剪彩时，剪彩者应同时行动，动作应迅速，此时捧花者应注意不要让花朵掉落在地。剪彩的同时，主持人带领全体来宾鼓掌，乐队奏乐。

剪彩完毕，剪彩者摘下手套，将其与剪刀一起放进托盘。托盘者与拉彩者、捧花者后退两步，列队从左侧退下。

（2）揭牌

1）揭牌人走到彩幕前恭立，礼仪小姐双手将开启彩幕的彩索递给揭牌人。

2）揭牌人目视彩幕，双手拉动彩索，使之开启。

3）全场来宾目视彩幕并鼓掌，乐队奏乐。

4. 结束工作

开业庆典活动结束后，秘书还应有选择地开展以下公关活动：

（1）组织参观生产、经营、服务现场，进一步展示形象。

（2）通过座谈会和留言簿的形式广泛征求意见和建议。

（3）宴请招待，要特别做好媒体人员和知名人士的招待工作。

（4）向来宾发放宣传材料和赠送纪念品，加强开业庆典活动在公众中的持久影响力。

（5）做好来宾的送别工作。

第四节 新闻发布会组织与服务

新闻发布会是政府、企事业单位、社会团体或个人把部分新闻机构的记者召集在一起，宣布某些信息，并就这些信息让记者提问，由专人回答问题的一种活动。新闻发布会是单位与公众沟通的例行方式。

一、新闻发布会的筹备工作

单位是否能通过新闻发布会将有关信息成功地传递出去，并借此树立自己的形象，提高知名度、美誉度，关键在于新闻发布会的筹备工作。一般来说，组织好一次新闻发布会需要做好以下工作：

1. 确定开会的必要性和会议议题

开会之前必须对所要发布的信息是否重要、是否具有新闻价值，以及新闻发布会的紧迫性和最佳时机进行分析研究，不要让媒体感到参加本单位的新闻发布会是浪费时间。单位中具有新闻发布价值的事件或适合召开新闻发布会的时机包括以下方面：

（1）新产品、新技术的开发与投产、上市。

（2）取得创纪录的销售业绩。

（3）生产规模的扩大。

（4）经营方针的改变或出台新举措。

（5）单位管理人员有重大调整。

（6）聘请明星、名人做形象代言人。

（7）发生危机事件。

（8）组织重大的庆祝活动。

（9）单位及产品（服务）已成为某一公众关注问题的一部分。

2. 确定会议时间和地点

（1）时间选择

新闻发布会的目的就是制造声势、扩大影响。因此，为了吸引更多的记者参加，提高记者的出席率，时间上应有所选择。

第一，新闻发布会的最佳时间通常在周二至周四的上午 10：00—12：00，下午 3：00—5：00，尽量避免在周末或节假日召开新闻发布会。

召开新闻发布会的时间也不应过长，以半小时左右为宜，最好不要超过一小时。时间太长，容易冲淡主题，影响预期效果。

第二，要避开重要的政治事件和社会事件，媒体对这些事件的大篇幅报道会冲淡新闻发布会的传播效果。

（2）地点选择

新闻发布会的地点可以选择本单位所在地，酌情选择本单位的会议厅、多功能厅等，也可以选择租用酒店、会所等。如果希望扩大影响面，还可以考虑选择有影响力的大城市，也可以分别在不同地点召开内容相同或相似的新闻发布会。

3. 确定主持人和发言人

新闻发布会一般由单位公关部门负责人或办公室主任、秘书长等担任主持人。而新闻发言人则一般由单位或部门的高级领导担任，因为他们清楚单位或部门的整体情况、方针、政策和计划等问题，熟悉媒体运作规律，并能通过媒体把信息有效地发布出去。

4. 确定被邀请记者的范围

（1）邀请范围

一般来讲，确定邀请记者的范围时要综合考虑下列因素：

1）新闻发布会的主题。

2）新闻发布会的传播范围。

3）新闻发布会涉及的行业。

4）某媒体（记者）的社会形象和受众口碑。

5）是否需要借发布会之机改善和提升本单位与某媒体（记者）的关系。

（2）邀请技巧

邀请记者的技巧很重要，既要吸引记者参加，又不能过多透露将要发布的信息。对于平日联系比较多的媒体记者可以采取直接电话邀请的方式，对不是很熟悉的媒体或发布内容比较严肃、庄重时，可以采取书面邀请的方式。书面邀请函应有单位标志，以示正规。函中最好不注明会议联系人的全名和个人电话，以避免记者提前做采访或提前得到新闻发布会的细节。

邀请的时间一般以提前 3～5 天为宜，太早会导致邀请信息被遗忘，但也应给对方留出考虑的时间。

5. 准备发言提纲和相关资料

（1）发言提纲

发言提纲即发言人在发布会上正式发言时的发言提要。召开新闻发布会之前，发言人应对本单位发生的重大事件进行详细周密的调查和研究，对事情的来龙去脉要一清二楚，诸如问题产生的原因、造成的损失、产生的影响、采取的善后措施、解决问题的态度、发展变化的趋势等，均应了如指掌。

（2）新闻通稿

为了统一宣传口径，召开新闻发布会的单位往往需要准备新闻通稿，提供给需要的新闻媒体。新闻通稿应该准备两篇以上，至少保证一篇消息、一篇通讯。消息中应该包括整个事件的过程；通讯则是对消息内容的补充，可以是整个事件组织的背景情况介绍，也可以是一些花絮或者是单位中参与事件的人物故事等。

新闻通稿最好在签到时发给记者，以便记者边听边翻看。

（3）背景材料

召开新闻发布会时，秘书应准备所发布内容的相关背景材料，以及新闻发言人的有关信息，方便记者挖掘新闻事件和日后联系之用。注意背景材料的封面应印有单位标志，加深公众对单位的印象。

（4）声像材料

根据发布会需要，秘书还应准备图片、录音、录像等声像材料，加深与会者对会议主题的认识和理解，增强会议效果。

6. 制作经费预算

秘书应根据所举行新闻发布会的规格和规模做出可行的经费预算，一般包括场地费、印刷费、会场布置费、茶点费、礼品费、文具费、邮费、电话费、交通费等。

7. 布置会场

（1）现场背景布置

新闻发布会应布置主题背景板（见图 5–17），内容包含新闻发布会名称和日期，有的会写上召开城市，所用颜色、字体要美观大方，强化公众对单位的认知。

图 5–17　新闻发布会主题背景板

（2）外围布置

外围布置包括会场外横幅、竖幅、空飘气球、拱形门等的布置。

（3）席位摆放

新闻发布会一般采用教室式会场布局。秘书应注意确定主席台人员，并摆放台签，方便记者记录发言人姓名。台签的摆放原则是“职位高者靠中，职位低者靠边”。现在很多新闻发布会采用主席台只有主持人席和发言人席，贵宾坐于下面第一排的布局方式。

除此之外，摆放回字形会议桌的发布会形式现在也采用得较多，即发言人坐在中间，两侧及对面摆放新闻记者坐席，这样既便于沟通，同时也有利于摄影记者拍照。

秘书在席位摆放时要注意席位的预留，一般在会场后面准备一些无桌子的坐席。还要将坐席划分为“记者席”“主持人席”“工作人员席”等，便于各方人士按指定区域就座。

（4）设备布置和人员安排

1）设备布置。新闻发布会所需设备一般包括麦克风和音响设备，一些需要做计算机展示的内容还需配备投影仪、笔记本电脑、上网连接设备、投影幕布等设备。在发布会前，秘书要对这些设备进行反复调试，保证不出故障。

2）人员安排。一般在大堂、电梯口、转弯处有导引指示欢迎牌，事先可安排礼仪小姐迎宾。如果是在单位内部召开发布会，也要酌情安排人员做好记者的引导工作。同时，要在合适的地点安排人员接待记者，设置签到台并安排人员发放会议资料。

二、新闻发布会的组织实施

1. 签到

工作人员引导与会记者在签到簿上签上自己的姓名、单位、职业、联系电话等。

2. 发放资料

工作人员应将写有姓名和新闻机构名称的入场证发给与会记者，并发放有关宣传资料。提供给媒体的资料一般应按顺序摆放，并以文件袋包装，摆放顺序依次为：

（1）发布会议程。

（2）新闻通稿。

（3）演讲发言稿。

（4）发言人背景资料介绍（应包括头衔、主要经历、取得成就等）。

（5）单位宣传册。

（6）产品说明资料（如果是关于新产品的新闻发布会）。

（7）有关图片。

（8）纪念品（或纪念品领用券）。

（9）单位新闻负责人名片（用于新闻发布会后进一步采访及新闻发表后的联络）。

（10）空白信笺和笔（方便记者记录）。

3. 按议程进行

（1）主持人宣布新闻发布会开始

主持人宣布发布会开始后，应简单介绍到场嘉宾，并说明召开新闻发布会的原因、所要公布的信息或事件发生的简单经过等。

（2）新闻发布

发言人介绍发布的主要信息或事件。

（3）现场嘉宾及专家发言

如果发布会邀请了与发布内容相关的供应商代表、合作伙伴代表或技术专家等，可以安排其发言。

（4）记者提问，发言人回答问题

记者提出相关问题请发言人予以回答。发言人要准确、流利地回答记者提出的各种问题，不要随便打断记者的提问，也不要以各种动作、表情和语言对记者表示不满。对于涉密或不宜公开回答的问题，不要回避，而要婉转、幽默地进行反问或回答，不宜采取“无可奉告”的方式，对于需用较多时间进行回答的问题，可简单答出要点，邀请记者会后探讨。

在答记者问环节，主持人要充分发挥主持和组织作用，活跃会场气氛，并引导记者踊跃提问。当记者的提问偏离会议主题时，要善于巧妙地将话题引回主题。当发布会出现紧张气氛时，应能够及时缓和气氛。

（5）宣布发布会结束

按照事先规定的时间，主持人宣布“请最后一位记者提问”，发言人回答完毕，主持人宣布发布会结束。

4. 会后活动安排

新闻发布会结束之后，主办方可以适当安排以下活动：

（1）安排单独采访。即根据需要安排记者对单位领导进行专访或集体采访。

（2）安排参观或酒会。会议结束后，还应由专人陪同记者参观考察，给记者创造实地采访、摄影、录像等机会，增加记者对发布会主题的感性认识。如果有条件还可举行茶会或酒会，以便增进和媒体的关系。

三、新闻发布会的会后工作

1. 尽快整理新闻发布会的记录材料

秘书应对会议的筹备、组织、主持和回答问题等环节的工作进行总结，并将总结材料存档。

2. 编发公关新闻稿

公共关系工作人员应在新闻发布会后编写公关新闻稿。一般来说，公关新闻稿的写作要注意以下几点：一是主题开门见山，即首先说明单位正在做什么；二是尽量使用简短的、口语化的句子进行表述；三是清楚地表达思想，不使公众误解或者曲解。

3. 收集反馈信息

秘书应及时了解与会记者对新闻发布会的态度和意见，追踪媒体和公众的反应，广泛收集与会记者对新闻发布会的相关报道，进行归类分析，检查是否达到发布会的预定目标，以便策划下一步的公关活动。

实践指南

某石化公司高标汽油推广新闻发布会策划方案

一、主题

倡导环保石化先行——高标汽油环保典范

二、时间

2019 年 7 月 9 日（星期二）

三、地点

×× 宾馆（×× 市 ×× 路 2 号）

四、邀请单位

省、市发展和改革委员会，省交通运输厅、市交通运输局，市生态环境局，《×× 日报》《×× 时报》《×× 周末》《×× 晚报》《×× 都市报》，×× 电视台。

五、发布会材料

1. 省发展和改革委员会领导讲话稿。主题内容为 ×× 省及 ×× 市汽车燃汽油使用标号概况。

2. 省交通运输厅领导讲话稿。主题内容为 ×× 省机动车交通概况，重点为交通与安全问题。

3. 市生态环境局领导讲话稿。主题内容为市生态环境概况及政策要求。

4. 技术宣讲材料。主题内容为高标号汽油与一般标号汽油的区别，重点突出使用高标号汽油的好处。

5. 记者通稿。舆论引导，重点宣传使用高标号汽油有利于汽车保养、环境保护等信息。

六、会议流程安排

9：00—9：30　签到

9：30—9：40　主持人宣布发布会开始，并对本次发布会作简单介绍

9：45—9：55　省发展和改革委员会领导讲话

10：00—10：10　省交通运输厅领导讲话

10：15—10：25　市生态环境局领导讲话

10：30—11：00　高标汽油技术宣讲

11：00—11：30　答记者问

11：30　省、市有关领导和记者共进午餐，各方沟通交流。

七、广告宣传计划

1. 会议前三天在市内各大汽车交易及维修中心悬挂活动宣传条幅。例如，在××汽车交易中心门口放置巨型充气油桶模型，绿底白字，上面印有××牌高标汽油及本次发布会的相关宣传内容。

2. 报纸及电视媒体的广告宣传支持。

八、布场及布场物料

1. 会场内部分：舞台背景板、会议专用长形桌、椅子、音响、嘉宾胸花、嘉宾名牌、文件资料袋、空白信封（礼包）、稿纸、圆珠笔等。

2. 会场外部分：大型充气拱门、空飘气球、巨型充气油桶模型、彩旗、条幅。

九、活动预算

场地费用：2 000 元

会场布置费：29 800 元

拱门费用：5 400 元

高级 PVC 空飘气球费用：3 600 元

彩旗费用：4 800 元

巨型充气油桶模型费用：5 600 元

条幅费用：8 960 元

背景板费用：1 440 元

印刷费：15 000 元

礼品费：22 500 元

合计：99 100 元

十、策划说明

1. 本次新闻发布会将地点选在 ×× 宾馆，这里比较繁华，人流集中，便于活动主题的社会推广。

2. 本方案最突出的一点是充气油桶模型的创意运用，象征着高标汽油的环保性。

3. 本次发布会所有的宣传资料以及会场布置的主题色调定为“绿色”，突出“安全、健康、环保”的主题。

实训

1. 请根据以下情景完成实训：

11 月 8 日上午，济南某旅行社的汪总经理计划会见青岛国际旅行社业务拓展部的陈经理，下午要赶往日照，11 月 9 日计划会见日照市文化和旅游局相关领导，当晚住在日照，11 月 10 日返回济南。请为汪总经理制订 11 月 8—10 日的行程安排。

要求：

（1）确定每项活动的具体时间，写清活动地点和内容。

（2）确定去日照的交通方式、车（班）次和起程时间，以及在日照入住的酒店。

2. 请根据以下情景完成实训：

某单位为了表示对客户的谢意，准备在新年来临之际举行客户联谊宴会。经理要求秘书安排宴会的桌次和座次。经理指示，这次宴会共设 3 桌（圆桌），呈三角形摆放，分别编为 1、2、3 号，同时要安排好每桌的座次。

要求：请实际演练安排宴请活动桌次和座次的过程。

3. 请根据以下情景，起草开业庆典的程序方案：

某单位准备于 1 月 12 日在单位所在地隆重举行连锁店开业庆典，届时会有当地政府领导、各界人士及新闻媒体参加。

4. 请根据以下情景完成实训：

某日化集团计划近期推出其新产品——“××× 维 C 牙膏”，为了做好市场推广工作，计划召开新产品发布会。

假定你是该集团公关部秘书，请起草新产品发布会方案，并做好相关组织工作。